Michael Glaß

FARB- UND ZEICHNUNGS-VARIANTEN DER KORNNATTER

Schlupf einer Kornnatter (*P. guttatus*) der Variante **Ghost**

Glaß, Michael:
FARB- UND ZEICHNUNGSVARIANTEN DER KORNNATTER / Michael Glaß
Meckenheim: VIVARIA Verlag 2007
ISBN 978-3-9810412-6-2

Die Ratschläge und Anleitungen in diesem Buch wurden vom Autor nach bestem Wissen niedergeschrieben und vom Verlag und seinen Beauftragten sorgfältig geprüft. Dennoch kann eine Garantie nicht übernommen werden. Eine Haftung des Autors beziehungsweise des Verlages und seiner Beauftragten für Personen-, Sach- und Vermögensschäden ist ausgeschlossen. Ausgeschlossen ist ebenso die Haftung für Schäden, die aus der Verwendung von in diesem Buch empfohlenen Produkten resultieren könnten.

Gestaltung: Oliver Drewes
Illustration: alle Vogelsang Werbegrafik, 53127 Bonn
bis auf Seite 119 oben (Daniel Bohle)
Lektorat: Wort & Text, 40235 Düsseldorf
Herstellung: Oliver Drewes
Printed in Poland

VIVARIA Verlag
Oliver Drewes
Dürerstr. 23
53340 Meckenheim

VIVARIA
Verlag für Heimtierliteratur
www.vivaria-verlag.de

VORWORT

Die Kornnatter avancierte durch ihr ruhiges Wesen, ihre mittlere Größe, die relativ geringen Ansprüche an ihre Haltungsbedingungen und nicht zuletzt durch die Vielzahl ihrer Farb- und Zeichnungsvarianten zu einem der beliebtesten Terrarienpfleglinge weltweit. Sie ist zudem leicht zu vermehren, was es dem interessierten Halter erlaubt, alle Aspekte ihrer Haltung von der Aufzucht bis zur Fortpflanzung im heimischen Terrarium erleben zu können. Gerade diese Eigenschaften brachten der Kornnatter auch den Ruf ein, eine „Anfängerschlange" zu sein. Dies heißt jedoch keinesfalls, dass die Kornnatter anspruchslos ist. Im Gegenteil – sie ist eine der wenigen Schlangenarten, die den Terrarianer vom Einstieg in die Haltung über erste Nachzuchten bis hin zu Erfahrungen mit der Vererbungslehre und der gezielten Zucht begleiten kann.
Mit seinem allgemeinen Teil zur Haltung der Kornnatter einerseits und seinem fundierten Farbvariantenteil andererseits richtet sich dieses Buch sowohl an den Einsteiger in der Schlangen- und speziell der Kornnatterhaltung als auch an den fortgeschrittenen Halter und professionellen Kornnatterzüchter.
Alle Tieraufnahmen stammen von Daniel Bohle und Michael Glaß. Sie zeigen ausschließlich in Deutschland gepflegte und meist auch nachgezüchtete Kornnattern. Es wurde hierbei explizit versucht, nicht nur besonders schöne und seltene Exemplare darzustellen, sondern vor allem repräsentative Vertreter ihrer Varianten zu zeigen. So ergibt sich für den Leser ein realistisches Bild der erhältlichen Farbvarianten.
Ich hoffe, dass dieses Buch Ihre Begeisterung für diese wunderschönen Schlangen weckt, zu ihrer richtigen Haltung beiträgt und mehr Licht ins Dunkel der in Deutschland häufig falsch beschriebenen Farb- und Zeichnungsvarianten bringt.

Klingenthal, im November 2007
Michael Glaß

INHALTSVERZEICHNIS

P. guttatus der Variante **Miami**

I. DIE KORNNATTER

Die Kornnatter wurde bereits 1776 durch Carl von LINNÉ als *Coluber guttatus* beschrieben. Später gliederte sich die Kornnatter in die Gattung *Elaphe* ein. Am Ende des 20. Jahrhunderts betrachtete man alle Kornnattern meist als eine Art (*Elaphe guttata*) und unterschied vier Unterarten: Die Kornnatter *E. guttata guttata*, die Nördliche Präriekornnatter *E. guttata emoryi*, die Key-Kornnatter *E. guttata rosacea* und die Südliche Präriekornnatter *E. guttata meahllmorum* (SCHMIDT 2000). Teilweise wurde eine isolierte Population der Nördlichen Präriekornnatter aus Colorado und Utah als eine fünfte Unterart *E. guttata intermontana* angesehen. Obwohl sie sich in ihrem Aussehen deutlich von den übrigen *E. guttata emoryi* abheben, konnte sich diese Einteilung jedoch nicht durchsetzen.

Seit dem Jahre 2002 gliedert sich die Kornnatter in drei Arten: die Kornnatter *Pantherophis guttatus*, die Präriekornnatter *Pantherophis emoryi* sowie Slowinskis Kornnatter *Pantherophis slowinskii* (BURBRINK 2002). Die verbleibenden ehemaligen Unterarten werden nur noch als Lokalvarianten angesehen.

Die Herkunft der Bezeichnung Kornnatter ist nicht genau geklärt: Eine Begründung könnte das schachbrettartige Muster auf der Bauchseite der Tiere sein, das an den bunten Indianermais (engl.: Indian corn) erinnern mag. Eine andere Möglichkeit ist ihr häufiger Aufenthalt in und um Getreide- und Maissilos, wo sich die Kornnatter auf die Jagd nach den dort häufigen Nagetieren macht.

Dieses Buch bezieht sich hauptsächlich auf die Kornnatter *P. guttatus*, da sie zahlenmäßig den größten Teil der im Terrarium gehaltenen und gezüchteten Kornnattern ausmacht. In ihrer grundsätzlichen Haltung, Pflege und Zucht unterscheidet sie sich nicht oder kaum von *P. emoryi* und *P. slowinskii*, weshalb eine Unterscheidung wenig sinnvoll wäre und den Rahmen dieses Buches sprengen würde.

Pantherophis guttatus

Dieser *Pantherophis emoryi* zeigt die für ihn typische hohe Anzahl an Sattelflecken und eine leicht veränderte Seitenzeichnung.

Die Farben, die aufgelöste Seitenzeichnung und die Kopfform unterscheiden diese junge Präriekornnatter deutlich von der Kornnatter.

Pantherophis guttatus

FAMILIE UND GATTUNG

Zur exakten Identifizierung aller Lebewesen dient die Taxonomie, ein Teilgebiet der Systematik, das sich mit der wissenschaftlichen Benennung (Nomenklatur) und mit den Prinzipien der Klassifikation der Organismen beschäftigt. So unterscheidet man Klassen, Ordnungen, Familien, Gattungen und Arten. Innerhalb der Klasse der Reptilien (*Reptilia*) und der Unterordnung der Schlangen (*Serpentes*) gehört die Kornnatter in die Familie der Echten Nattern (*Colubridae*). Diese Familie stellt mit mehr als 1.800 Arten die artenreichste Familie der Schlangen dar (REPTILE-DATABASE 2007). Die Angehörigen dieser Familie sind dabei recht verschieden. Ihre Länge reicht von gerade 20 cm bis über 4 m. Es gibt tag- wie nachtaktive, boden- wie baumbewohnende Vertreter, die mit Ausnahme der Antarktis alle Kontinente und nahezu alle Lebensräume von trockensten Gebieten bis hin zu Flussläufen besiedeln. Viele von ihnen besitzen kein Gift und sind für den Menschen ungefährlich, doch gibt es unter ihnen auch einige giftige Vertreter.

Die Kornnatter gehörte ehemals der Gattung der Kletternattern *Elaphe* an, weshalb man auch heute noch des öfteren auf ihre alte Bezeichnung *Elaphe guttata* stößt (SCHULZ 1996). Typischerweise handelt es sich bei Kletternattern um dämmerungs- und nachtaktive, mittelgroße Tiere mit runden Pupillen. 2002 wurde die Gattung *Elaphe* durch UTIGER et al. neu geordnet und die Kornnatter in die Gattung der Nordamerikanischen Kletternattern *Pantherophis* eingegliedert. Danach besteht der *P. guttatus*-Komplex aus den neu definierten Arten *P. guttatus* (Kornnatter), *P. emoryi* (Präriekornnatter) und *P. slowinskii* (Slowinskis Kornnatter). Der Name *Pantherophis* setzt sich aus „panthera“ = Panther und „ophis“ = Schlange zusammen, die ehemaligen Kletternattern wurden also zu „Pantherschlangen“ (KÖHLER & BERG 2005).

Aufgrund neuester genetischer Analysen ordnen BURBRINK & LAWSON (2007) die Kornnattern zusammen mit den anderen *Pantherophis*-Arten den *Pituophis*-Arten zu. Ob sich diese Neuordnung durchsetzen wird, ist zu diesem Zeitpunkt noch fraglich. Wir wollen daher hier vorerst bei der Gattung *Pantherophis* bleiben.

VERBREITUNG UND LEBENSRAUM

Das Verbreitungsgebiet der drei Kornnatter-Arten erstreckt sich vom Südosten und dem Zentrum der USA bis in den Nordosten Mexikos. Die Kornnatter (*Pantherophis guttatus*) besiedelt hierbei den Osten und Südosten der USA, inklusive der Florida Keys, einer kleinen Inselgruppe vor Florida. Sie bewohnt sowohl trockene Laub- und Kiefernwälder als auch feuchte, warmtemperierte Wälder, wie sie beispielsweise auf den Keys zu finden sind. Die Präriekornnatter (*Pantherophis emoryi*) ist im westlichen Mississippi und Missouri sowie vom Zentrum der USA bis hinunter in den Nordosten Mexikos verbreitet. Sie bewohnt vornehmlich felsige und trockene Busch- und Graslandschaften. Das Verbreitungsgebiet von Slowinskis Kornnatter (*Pantherophis slowinskii*) erstreckt sich über Louisiana und das östliche Texas, wo sie sehr häufig in Kiefern- und Eichenwäldern aufzufinden ist.

Ihr großes Verbreitungsgebiet zeigt die große Anpassungsfähigkeit der Tiere. Häufig begegnet man ihnen auch in der Nähe menschlicher Siedlungen, sie sich als Jagd- und Lebensraum erschlossen haben.

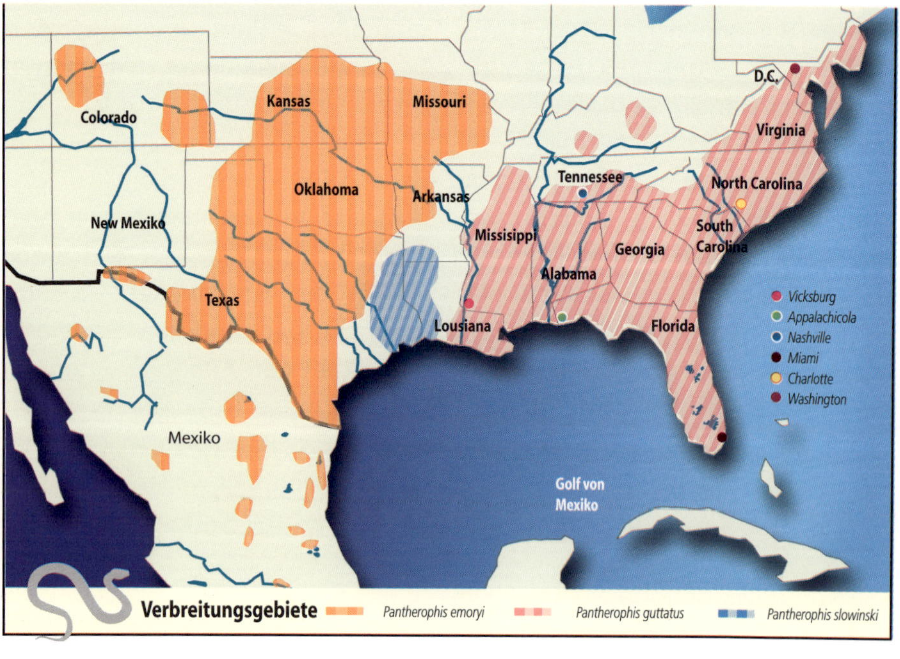

P. guttatus

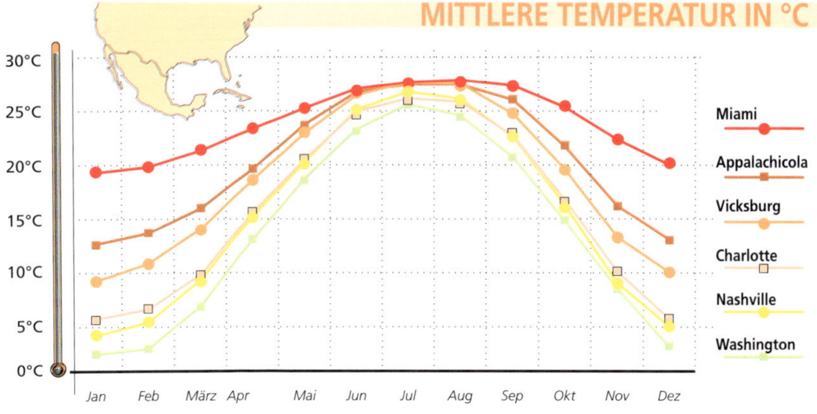
MITTLERE TEMPERATUR IN °C
30°C
25°C
20°C
15°C
10°C
5°C
0°C
Jan
Feb
März
Apr
Mai
Jun
Jul
Aug
Sep
Okt
Nov
Dez
Miami
Appalachicola
Vicksburg
Charlotte
Nashville
Washington

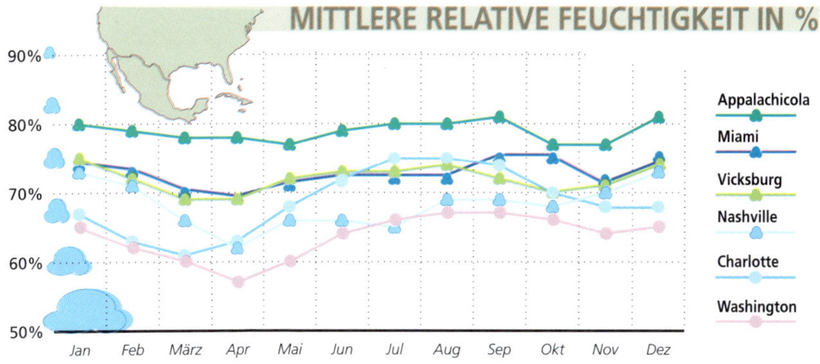
MITTLERE RELATIVE FEUCHTIGKEIT IN %
90%
80%
70%
60%
50%
Jan
Feb
März
Apr
Mai
Jun
Jul
Aug
Sep
Okt
Nov
Dez
Appalachicola
Miami
Vicksburg
Nashville
Charlotte
Washington

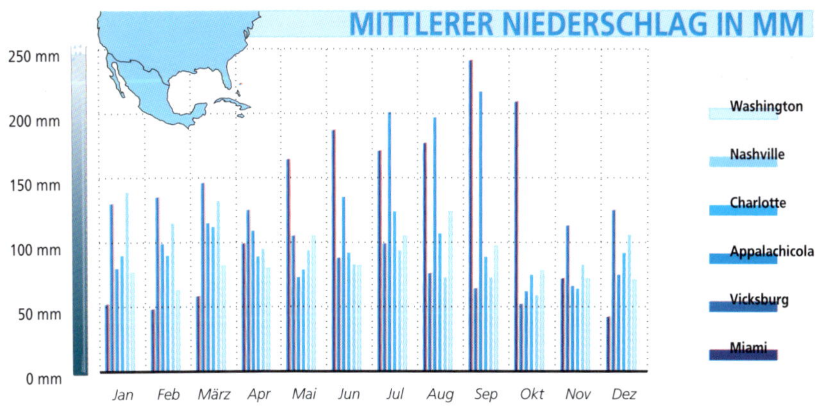
MITTLERER NIEDERSCHLAG IN MM
250 mm
200 mm
150 mm
100 mm
50 mm
0 mm
Jan
Feb
März
Apr
Mai
Jun
Jul
Aug
Sep
Okt
Nov
Dez
Washington
Nashville
Charlotte
Appalachicola
Vicksburg
Miami

ANSCHAFFUNG

Auswahl

Hat man sich für die Anschaffung einer Kornnatter entschieden, so sollten vor der eigentlichen Auswahl eines Tieres weitere grundlegende Entscheidungen getroffen werden: Welches Geschlecht soll das Tier haben? Welche Farb- oder Zeichnungsvariante soll es sein? Soll es ein Jungtier oder doch eine adulte Schlange sein? Eine Jungschlange bietet den Vorteil, dass man das Tier aufwachsen sieht. Auf der anderen Seite kann es dabei aber auch zu Komplikationen kommen. Bei adulten Tieren gestaltet sich die Pflege unproblematischer. Weiterhin kann man schneller Erfahrungen auf dem Gebiet der Nachzucht sammeln.

Wann immer möglich, sollte man sich zunächst mit den bisherigen Haltungsbedingungen des zu erwerbenden Tieres vertraut machen: Sind die Terrarien sauber und gepflegt? Ist der Kot der Tiere geformt? Befinden sich keine augenscheinlich kranken Tiere im Bestand? Können all diese Fragen mit „Ja“ beantwortet werden, sollte man den Zustand des zu erwerbenden Tieres selbst beurteilen. Das Tier sollte agil sein, züngeln und sich kraftvoll anfühlen. Erschlaffung kann ein Anzeichen für eine Krankheit sein. Das Schuppenkleid des Tieres sollte glatt und glänzend, die Kloake und das Maul sollten sauber und geschlossen sein. Sofern sich das Tier nicht gerade in der Häutung befindet, sollten seine Augen klar sein. Gibt es die Möglichkeit, das Tier mehrfach zu besichtigen und vielleicht sogar einer Fütterung beizuwohnen, sollte dies genutzt werden. Auf diese Weise kann man sich ebenfalls davon überzeugen, ein futterfestes Tier zu erwerben. Auf den Erwerb nicht futterfester Tiere sollte der Einsteiger unbedingt verzichten. Beim Kauf seltener und teurer Farbvarianten sollte man besondere Vorsicht walten lassen und sich zuvor gründlich informieren.

Transport

Der Transport sollte für die Kornnattern immer so stressfrei wie möglich durchgeführt werden. Um stressbedingten Verdauungsproblemen vorzubeugen, sollten die Tiere nicht kurz vor dem Transport gefüttert werden. Für Jungtiere eignen sich vor allem große Heimchendosen oder ähnliche Behältnisse, die mit Luftlöchern versehen werden. Die Behälter sollten mit teilweise leicht angefeuchtetem Küchenpapier ausgepolstert werden. Für ältere Tiere eignen sich auch auf links gedrehte Stoffbeutel. Die Unterbringung erfolgt wenn möglich immer einzeln. Die Transportbehälter müssen gut gegen äußere Einflüsse wie Hitze, Kälte und Zugluft geschützt werden. Hierzu empfehlen sich große Styroporboxen, die eine sehr gute Wärmedämmung gewährleisten, blickdicht sind und mehrere Behälter aufnehmen können. Wenn es die Außentemperaturen erfordern, können diese Boxen auch mit Wärmflaschen oder sogenannten Heatpacks entsprechend temperiert werden. Eine Kontrolle der Bedingungen in den Behältern und des Zustandes der Tiere ist hierbei Pflicht und sollte bei längeren Transporten auf jeden Fall mehrmals erfolgen.

Nach dem Neuerwerb eines Tieres stellt sich dem Halter die wichtigste Aufgabe: die Quarantäne.

Während dieser sechswöchigen – besser noch dreimonatigen – Isolierung der Tiere vom restlichen Bestand sind drei wichtige Aufgaben zu erfüllen: Krankheiten erkennen, Ansteckung vermeiden und Ursachen eingrenzen. Die im Folgenden beschriebene Haltung während der Quarantäne soll es dem Halter ermöglichen, Krankheiten und Auffälligkeiten bei den neu erworbenen Tieren so gut wie möglich zu erkennen. Die räumliche Trennung neu erworbener Tiere und Bestandstiere schützt davor, Krankheiten und Parasiten einzuschleppen, die häufig schwer erkennbar und nur unter größtem Aufwand in den Griff zu bekommen sind. Terrrarieneinrichtungen müssten in solch einem Fall entsorgt und die Bestandstiere medizinisch versorgt und entsprechend gehalten werden. Durch die Trennung ist es weiterhin möglich, Krankheitsursachen besser zu lokalisieren. So sollten auch neu erworbene Tiere unterschiedlicher Herkunft voneinander getrennt in Quarantäne gehalten werden.

Quarantäne

Die Haltung in Quarantäne erfolgt in leicht zu reinigenden und zu desinfizierenden Behältern, die mit Küchenkrepp, Zeitungspapier oder Einstreu als Bodengrund sowie leicht austauschbaren Verstecken versehen sind. Ein auswaschbarer Wassernapf komplettiert die Einrichtung. Für Quarantänetiere und Bestandstiere sollte man nie dieselben Werkzeuge (z.B. Pinzetten oder Löffel zum Entfernen von Kot) verwenden.

Auf die Hygiene der Hände ist ebenfalls besonders zu achten, wobei sich bei einem Verdacht auf Krankheiten auch die Benutzung von Einweghandschuhen empfiehlt. Während der Quarantänephase sollten die Tiere neben einer Untersuchung auf äußere Parasiten durch den Halter ebenfalls auf innere Parasiten und andere Krankheiten hin untersucht werden. Hierzu schickt man mindestens eine, besser – im Abstand von einigen Wochen – zwei frische Kotproben an ein Labor (siehe „Adressen und Zeitschriften“). Gerade bei Kornnattern sollte ein Labor gewählt werden, das neben einem Standardverfahren einen IFT-Test auf Kryptosporidien anbietet (siehe „Krankheiten und Verletzungen“).

Nach dem Erwerb eines neuen Tieres empfiehlt es sich, mindestens drei, besser sieben Tage mit der ersten Fütterung zu warten und vorher nur den regelmäßigen Wasserwechsel durchzuführen. Da sich das Tier in der Quarantänephase bereits etwas in die neue Umgebung eingewöhnen konnte, verläuft die spätere Eingliederung in den Bestand meist problemlos. Trotzdem sollten Tiere vor allem dann beobachtet werden, wenn sie in eine neue Gruppe eingesetzt werden. Grundsätzlich sollte man von der gemeinsamen Haltung mehrerer Männchen Abstand nehmen und die Tiere vor allem im Frühjahr und im Sommer bei gemischtgeschlechtlicher Gruppenhaltung einige Tage beobachten (siehe „Vermehrung“). Abgesehen von einem anfänglichen Zucken der Tiere bei der Berührung eines neuen Mitbewohners gibt es kaum Komplikationen bei der Eingewöhnung von Kornnattern in eine neue Gruppe.

Die Okeetee entstand durch eine Auswahlzucht auf Basis einer natürlich vorkommenden, farbintensiven Lokalform.

BESCHREIBUNG

Allgemeine Morphologie

Kornnattern erreichen im Normalfall eine Gesamtlänge von 90 bis 130 cm. Die längste jemals dokumentierte Kornnatter soll 189,2 cm (Trutnau 2002) gemessen haben. Bei guter Pflege können Kornnattern über 20 Jahre alt werden (Trutnau 2002). Wie alle Schlangen hat die Kornnatter einen lang gestreckten Körper ohne Gliedmaßen. Sie wirkt allgemein schlank, ihr Kopf ist schmal und nur wenig vom Körper abgesetzt.

Besonders auffällig ist die Zeichnung der Kornnatter: Auf dem Kopf befindet sich in der Regel ein spitz zulaufendes, symmetrisches Muster. Ihre Rückenzeichnung (dorsal) besteht aus großen, schwarz umrandeten Sattelflecken, die meist die Form von abgerundeten Rechtecken besitzen. An der Seite (lateral) finden sich ähnliche Flecke, die eher senkrecht ausgerichtet sind. *P. guttatus* zeigt rote Sattelflecke auf gelbem bis orangefarbenem Grund. *P. emoryi* hat mehr und auch kleinere, dunkelbraune Sattelflecke auf einem grauen Untergrund. *P. slowinskii* liegt farblich zwischen den beiden bereits genannten Arten: In der Form ihrer Sattelflecke erinnert sie mehr an *P. guttatus*, in den Farben mehr an *P. emoryi*. Die Bauchseite der Kornnatter ist weiß mit schwarzen Rechtecken und erinnert an ein Schachbrett. Bei *P. emoryi* sind die Rechtecke meist abgerundet.

Die Haut von Schlangen besteht aus Schuppen. Diese fühlen sich trocken und keineswegs – wie von vielen Menschen irrtümlich angenommen – feucht oder glitschig an. Der Kopf der Kornnatter ist mit neun symmetrisch angeordneten, großen Schuppen bedeckt. Die Körperoberseite bedecken dachziegelartig angeordnete, leicht gekielte Schuppen. Die Bauchseite ist von großen, quer verlaufenden und an den Seiten leicht nach oben gebogenen Schuppen bedeckt. An der Seite besitzen diese so genannten Bauchschilde einen Längskiel, der den Tieren als Kletterhilfe dient (Schmidt 2000). So können Kornnattern auch an fast senkrechten Flächen nach oben klettern und sind in heimischen Terrarien wahre Ausbruchskünstler.

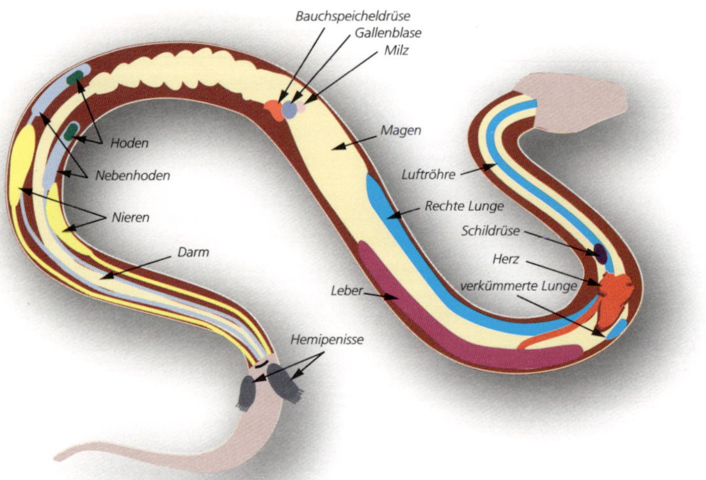

Die Organe von Schlangen gleichen im Wesentlichen denen aller höheren Wirbeltiere. Sie sind jedoch länglich und damit der Körperform der Schlangen angepasst.

Der Geruchssinn der Schlangennase ist nicht sehr ausgeprägt.

Die Sinne

Schlangen besitzen keine beweglichen Augenlider, da diese zu einer unbeweglichen, klaren Hornschicht verwachsen sind. Man nimmt an, dass Kornnattern auf kurze Distanz scharf sehen können. Kornnattern können nicht im üblichen Sinne hören, da sie weder Ohröffnungen noch ein Trommelfell besitzen. Sie können jedoch Erschütterungen des Bodens wahrnehmen. Das Riechen übernehmen bei Schlangen gleich zwei Organe: die Nase und das so genannte Jacobsonsche Organ. Letzteres leistet hierbei die Hauptarbeit und befindet sich im Gaumen der Schlange. Um die Geruchsstoffe zu diesem Organ zu transportieren, benutzt die Kornnatter ihre Zunge, die sie durch eine Spalte auch bei geschlossenem Maul herausstrecken kann. Eine aktive Kornnatter züngelt darum fast ständig, wobei die gegabelte Zunge sogar auch dazu benutzt werden kann, die räumliche Herkunft der Duftstoffe zu bestimmen.

Die gegabelte Zunge kann auch bei geschlossenem Maul ausgestreckt werden.

Häutung

Da die oberste Hautschicht einer Schlange nicht mitwächst, muss die alte, zu klein gewordene Schicht regelmäßig abgestreift werden. Natürlich ermöglicht die Häutung nicht nur das Wachstum, sondern dient auch der Regeneration und der Heilung von Wunden sowie einer temporären Entledigung von Hautparasiten.

Kornnattern beginnen bei etwa 6 bis 8 Häutungen pro Jahr im Jungtieralter und pendeln sich als Adulti auf etwa 3 bis 5 Häutungen pro Jahr ein. Der Beginn einer Häutung zeigt sich durch ein Eintrüben der Augen und der Haut sowie eventuelle Nahrungsverweigerung. Die Phase der Trübheit dauert etwa 7 bis 10 Tage an. In dieser Zeit wird zwischen abzustreifender und neuer Hautschicht eine Lymphflüssigkeit eingelagert. 2 bis 3 Tage vor dem eigentlichen Abstreifen der Haut wird die Flüssigkeit wieder absorbiert, weshalb die Tiere ihr trübes Aussehen wieder verlieren. Vom Kopf beginnend wird die Haut in einem Stück abgestreift. Dazu reibt die Kornnatter die Spitze ihrer Schnauze so lange an Gegenständen, bis ihre Haut hängen bleibt und sie langsam aus ihr herauskriechen kann. Nach der Häutung sollte die abgestreifte Haut auf Vollständigkeit geprüft werden (siehe „Krankheiten und Verletzungen“).

Bei diesem Häutungsvorgang lässt sich gut die dachziegelartige Anordnung der Schuppen erkennen.

Die alte Haut wird vom Kopf beginnend in einem Stück abgestreift.

VERHALTEN

Im Allgemeinen sind Kornnattern recht ruhige Schlangen. Ihr Hauptaktivitätszeitraum liegt in der Dämmerung und erstreckt sich über die Nacht. Zu dieser Zeit kann man die Tiere meist bei der Erkundung ihrer Umgebung, bei der Nahrungssuche oder beim Lauern auf Beute beobachten. Gerade im Terrarium trifft man Kornnattern jedoch auch tagsüber bei diesen Aktivitäten an. In den Ruheperioden findet man junge Kornnattern vor allem in ihren Verstecken vor, wohingegen adulte Tiere häufiger auch außerhalb ihrer Verstecke ruhen oder sich sonnen. Die Häufigkeit, mit der man eine Kornnatter außerhalb der Verstecke oder aktiv beobachten kann, hängt stark vom Charakter jedes einzelnen Individuums ab. Die Mehrzahl der in Terrarien gehaltenen Kornnattern ist sehr friedfertig und beißt nur in Ausnahmefällen zu. Vor allem Jungtiere und Wildfänge können bei Störung durch den Pfleger mit Abwehrmaßnahmen reagieren. Als erstes beginnen solche Tiere mit heftigem Schwanzrasseln und dem Einnehmen der so genannten „S-Stellung“: Um schnell zubeißen zu können, legt die Schlange ihren Vorderkörper in Windungen und hebt ihn vom Boden ab. Bewegt man sich nun in die Reichweite des verängstigten Tieres, so erfolgt meist unter Ausstoß eines Zischlautes ein Abwehrbiss. Er kann zwar durchaus stark bluten, ist für den Pfleger jedoch kaum schmerzhaft, bei Jungtieren meistens kaum spürbar. Auch wenn man einmal gebissen wird, sollte man seine Hand nicht ruckartig zurückziehen, da man hierbei das Gebiss des Tieres verletzen kann. Um den „Angreifer“ abzuschrecken, kann die Kornnatter ebenfalls ein übelriechendes Sekret aus ihren Analdrüsen abgeben.

Diese junge Kornnatter der Variante **Motley** zeigt eindrucksvoll die S-Stellung, wodurch sie für Angreifer größer wirkt und ihre Reichweite vergrößern kann.

Ein vor allem bei Jungtieren durchaus vorkommendes Verhalten ist Kannibalismus. Häufig verendet hierbei sowohl das gefressene wie das fressende Tier.

TERRARIUM

Die „Mindestanforderungen an die Haltung von Reptilien 1997“ empfehlen für die Haltung eines Kornnatterpärchens Terrarienmaße von 1 x 0,5 x 1 (Länge x Tiefe x Höhe) mal der Gesamtlänge des größeren Tieres. Für jedes weitere Tier sollten, möglichst in den gleichen Proportionen, 20 % des Volumens addiert werden. Erfahrungsgemäß spielt jedoch eine angemessene Einrichtung, die das gesamte Volumen des Terrariums nutzbar macht, eine größere Rolle als die reinen Maße des Terrariums. Für einen Besatz mit zwei bis drei Weibchen oder mit einem Paar haben sich gut eingerichtete Terrarien mit den Maßen 1 x 0,6 x 1 m (Länge x Tiefe x Höhe) bewährt. Muss einer dieser Werte unterschritten werden, sollte dies durch eine entsprechende Ausdehnung nach einer anderen Seite hin kompensiert werden. Besonders wichtig ist hierbei jedoch immer die Tiefe des Terrariums, da sie den Tieren Rückzugsmöglichkeiten bietet und Stress verringert.

Das Terrarium selbst sollte die klimatischen Bedürfnisse der Kornnatter erfüllen, einen ruhigen Standort ohne direkte Sonneneinstrahlung haben und ausbruchssicher sein.

Bei der Frage, ob man das Terrarium selbst baut oder auf fertige Terrarien aus dem Handel zurückgreift, muss man letztendlich die Kosten der Anschaffung, das handwerkliche Geschick und die ästhetischen Ansprüche des Pflegers gegeneinander abwägen. Terrarien aus Glas bieten den Vorteil, resistent gegen Feuchtigkeit und gut desinfizierbar zu sein. Holz als Werkstoff ist für den Laien gut verarbeitbar und besser in der Wärmedämmung, was Heizkosten spart. Es muss jedoch entsprechend behandelt werden, um gegen Feuchtigkeit widerstandsfähig zu werden. Auch Materialien wie das leichte Styrodur oder Styropor haben sich bewährt.

Der Vollständigkeit halber sei gesagt, dass vor allem in größeren Zuchtanlagen und in den USA eine Einzelhaltung in so genannten Racks die Regel darstellt. Ob diese platz- und kostenoptimale Aufreihung von Plastikboxen in Regalen für den Tierliebhaber erstrebenswert ist, mag jeder Halter für sich selbst entscheiden. Obwohl diese Einzelhaltung Vorteile gegenüber einer Gruppenhaltung in Schauterrarien haben kann, ist sie von einer artgerechten Haltung weit entfernt und sollte der Quarantänephase sowie der Aufzucht von Jungtieren vorbehalten bleiben.

EINRICHTUNG

Dekoration

Bei der Gestaltung eines Terrariums müssen sowohl die Bedürfnisse der Tiere als auch die Hygieneaspekte dieses kleinen Lebensraumes sorgfältig beachtet werden. Demzufolge sollten alle Einrichtungsgegenstände entweder gut zu reinigen und zu desinfizieren oder günstig austauschbar sein. Es ist wichtig, nur solche Gegenstände fest zu verbauen, die gut gereinigt werden können. Die wichtigsten Einrichtungsgegenstände in einem Kornnatterterrarium sind die Wasserschale und die Versteckmöglichkeiten. Die verwendete Wasserschale sollte einen sicheren Stand haben, leicht erreichbar und sehr gut desinfizierbar sein.

Der Fachhandel bietet Trinkschalen in vielen verschiedenen Formen und Farben an.

Für Jungtiere stellen Kokosnussschalen und Kunstharzhöhlen ideale Verstecke dar.

Korkröhren und -höhlen eignen sich gut als Verstecke für ausgewachsene Schlangen.

Die Versteckmöglichkeiten sollten vielfältig und in allen Temperatur- und Beleuchtungszonen vorhanden sein; Kornnattern liegen nicht gerne ungeschützt. Es eignen sich umgedrehte und mit Eingängen versehene Blumentöpfe, Korkrindenstücke, Kokosnusshälften oder auch Plastikgefäße. Wichtig ist, dass alle Verstecke gut gesichert und für den Pfleger leicht zugänglich sind, um die Tiere immer stressfrei erreichen und kontrollieren zu können. Weiterhin müssen Öffnungen groß genug sein, so dass die Tiere nicht darin stecken bleiben können. Für Quarantäneterrarien oder Jungtiere eignen sich auch halbierte Papprollen. Diese lassen sich besonders gut und kostengünstig austauschen. Ein weiterer wichtiger Punkt ist die Schaffung von Klettermöglichkeiten. Hierfür eignen sich Äste, Wurzeln oder Rindenstücke. Es sollten sowohl dickere, stabile Äste als auch dünnere, verzweigte Äste zum Klettern zur Verfügung stehen. Wichtig ist, dass die Äste austauschbar oder gut desinfizierbar sind.

Als Kletterhilfe eignen sich Äste, Wurzeln und Rindenstücke aus dem Handel wie auch aus der Natur. Für die Schlangen relevante Krankheitserreger gibt es in den Wäldern unserer Breitengrade nicht.

Rückwand

Eine Rückwand stellt für die gern kletternden Kornnattern eine sehr sinnvolle Einrichtung dar. Sie vergrößert die nutzbare Kletterfläche des Terrariums und bietet je nach Konstruktion zusätzlich Liegeflächen. Wichtig ist hierbei, die Hygiene nicht zu vernachlässigen. Die Rückwand sollte darum leicht von Kot zu reinigen sowie frei von unzugänglichen Stellen sein.

Es eignen sich sowohl im Handel erhältliche Kork- und Kokosplatten wie auch kostenintensive, fertig modellierte Felsimitate, deren Aussehen dafür sehr ausgefeilt ist. Eine individuelle und günstigere Alternative bieten selbst modellierte Rückwände aus eingeklebtem Styropor, das mit Fliesenkleber überstrichen und versiegelt ein ebenfalls ansehnliches Felsimitat darstellt. Generell sollte man beachten, keine unzugänglichen Höhlen einzubauen und Spalten gut zu verschließen. Tiere, die sich in Spalten oder hinter Rückwänden in Kleberückständen verfangen, sterben nicht selten, wenn der Pfleger den Vorfall nicht sofort bemerkt.

Korkrückwände fügen sich farblich schön in die natürliche Terrariengestaltung ein.

Bodengrund

Beim zu verwendenden Bodengrund spielen Faktoren wie beispielsweise die Hygiene, das Feuchtigkeitsspeichervermögen sowie das Aussehen eine Rolle. Als naturnaher Bodengrund hat sich ein Blumenerde-Sand-Gemisch bewährt. Kot kann relativ gut entfernt, allerdings weniger gut erkannt werden. Die Feuchtigkeit kann gehalten werden, und das Aussehen ist ebenfalls ansprechend. Gröbere Bodengründe wie Buchenhack oder noch besser Rindeneinstreu aus Pinien- oder Douglasienrinde haben ebenfalls ein natürliches Aussehen, lassen sich gut reinigen und erneuern. Eine Fütterung der Tiere sollte auf diesen Substraten jedoch vermieden werden, da es beim Verschlucken zu inneren Verletzungen und sogar zum Tod kommen kann. Die Verwendung von Küchen- oder Zeitungspapier sollte Quarantäneterrarien vorbehalten sein, da die Tiere hier keine Möglichkeit zum Graben haben.

Substrate aus Pinien- oder Douglasienrinde haben ein natürliches Aussehen.

Bepflanzung

Die Bepflanzung eines Kornnatterterrariums gestaltet sich eher schwierig. Es ist wichtig, robuste Pflanzen auszuwählen, die durch die Tiere nicht zerdrückt werden können. Man bedenke, dass die Tiere viel häufiger über dieselben Pflanzen kriechen oder gar darauf ruhen, als in der Natur üblich. Weiterhin muss eine für Pflanzen geeignete Beleuchtung angebracht werden, die für die Kornnatter nicht notwendig ist (siehe „Licht“).

Natürliche Pflanzen bieten den Vorteil, die Luftfeuchtigkeit zu erhöhen und dem natürlichen Lebensraum näher zu kommen, während künstliche Pflanzen von den Schlangen nicht zerstört und gut gereinigt werden können. Als natürliche Pflanzen haben sich eingetopfte Efeututen bewährt.

Bei Kunstpflanzen kann man je nach Geschmack und restlicher Einrichtung eine Auswahl anhand des Aussehens treffen.

TERRARIENTECHNIK

Temperatur

Die Temperatur spielt für alle Reptilien eine besondere Rolle, da diese wechselwarme (poikilotherme) Tiere sind. Dies bedeutet, dass sie ihre Körpertemperatur kaum aktiv regulieren können, sondern diese abhängig von der Umgebungstemperatur ist. Darum fühlen sich Reptilien für den Menschen mit seiner etwa 36 °C betragenden Körpertemperatur meist kühl an, obwohl ihre Temperatur tatsächlich meist der der Umgebung entspricht. Um ihre Körpertemperatur zu erhöhen, muss eine Kornnatter folglich einen wärmeren Ort aufsuchen. Zum Abkühlen sucht sie einen kühleren Platz auf. Dämmerungs- und nachtaktive Schlangen können darum in der Natur während der Abendstunden häufig an und auf Asphaltstraßen oder Steinen entdeckt werden, die von der Sonne aufgeheizt sind und noch Wärme abstrahlen.

Der nur etwa 1,5 cm hohe Heizstein Sun Base erwärmt sich auf etwa 39 °C.

Alle Körperfunktionen der Tiere sind temperaturabhängig. Folglich müssen für eine funktionierende Verdauung, für das Jagen oder auch für die Winterruhe im Terrarium entsprechende Temperaturen geschaffen werden. Es genügt nicht, eine einzige Temperaturzone im Terrarium zur Verfügung zu stellen. Nur verschiedene Temperaturzonen gewährleisten ein Temperaturgefälle, in dem sich die Tiere ihre jeweils bevorzugte Temperatur von 23 bis 28 °C aussuchen können.
Die Möglichkeiten zur Beheizung des Kornnatterterrariums und zur Schaffung des benötigten Temperaturgefälles sind vielfältig. Im Folgenden soll darum zum einen auf die Erhaltung der Grundtemperatur und zum anderen auf die Einrichtung von „Sonnenplätzen“ eingegangen werden.
Steht das Terrarium in einem viel genutzten Wohnraum, erübrigt sich meist eine Grundbeheizung am Tage. Dort kann sogar eine leichte Abkühlung in der Nacht, beispielsweise durch Lüften oder auch durch das Herunterdrehen der Heizung erforderlich sein. Liegt die Raumtemperatur unterhalb der benötigten Grundtemperatur von etwa 23 °C, so empfiehlt es sich, ein Drittel der Terrariengrundfläche mit qualitativ hochwertigen Heizmatten oder Heizkabeln zu erwärmen.

Es ist darauf zu achten, nur eine schwache Wärme von unten zu erzeugen, um die oft auf dem Boden ruhenden Tiere nicht zu sehr zu erhitzen. Desweiteren müssen im Terrarium angebrachte Matten oder Kabel unbedingt gegen Anknabbern durch Futtertiere gesichert und so gedimmt werden, dass sich die Tiere nicht verbrennen können.

Diamond Halogen Floodlights eignen sich gut zur Schaffung von Sonnenplätzen.

Heizkabel oder -matten sollten nach Möglichkeit immer außerhalb des Terrariums angebracht werden.

In Räumen mit großen Temperaturschwankungen können zusätzlich Zeitschaltuhren oder automatische Temperaturregler wie der Biotherm 2000 eingesetzt werden. Nachts sollten die Temperaturen abfallen und Werte zwischen 18 und 22 °C erreichen.

Ein Sonnenplatz mit örtlich über 30 °C kann angeboten werden und wird meist gerne zum schnellen Aufwärmen angenommen. Schlangen sind an Wärme von oben gewöhnt, weshalb sie sich bei zu großer Wärme instinktiv in den kühleren Boden graben. Aus diesem Grund sollte größere Wärme immer von oben und nicht von unten realisiert werden. Meist haben die bekannten Infrarotlampen (Elstein-Strahler) oder andere Wärmelampen aus dem Handel für das mittelgroße Kornnatterterrarium bereits eine zu große Wärmeleistung. Bewährt hat sich die Verwendung einfacher Glühlampen im Bereich von 25 bis 60 Watt, die sowohl als Licht- wie als Wärmequelle für den Sonnenplatz dienen. Unter dem Sonnenplatz kann ein Stein angelegt werden, der tagsüber durch die Lampe aufgeheizt und auch in der Dämmerung sowie nachts von den Tieren aufgesucht werden kann. Genau wie bei der Verwendung von Heizkabeln und Heizmatten muss auch bei der Verwendung von Glühlampen und Strahlern auf die Sicherheit geachtet werden, um die Tiere vor Verbrennungen zu schützen. Hierfür eignen sich Schutzkörbe, die um die Strahler angebracht werden, sodass der Strahler für die Tiere unzugänglich ist. Verbrennungen entstehen, wenn sich die Tiere nachts in vorhandene Nischen am Strahler verkriechen und diese beim Einschalten der Strahler nicht schnell genug verlassen können. Zu beachten ist, dass ein Schutzkorb, der schlecht gefertigt und somit für Kornnattern zugänglich ist, ebenfalls zur tödlichen Falle werden kann. Verwendet man lediglich eine vertikal angebrachte Keramikfassung ohne Gehäuse sowie ein Leuchtmittel, gibt es keine Nischen, in die sich die Tiere verkriechen können, weshalb man in diesen Fällen auf einen Schutzkorb verzichten kann.

Der Heat Protector schützt vor Verbrennungen durch Licht- und Wärmestrahler.

Feuchtigkeit

Für die Kornnatter hat sich eine recht trockene Haltung bewährt. Die relative Luftfeuchtigkeit von 50 bis 60 % am Tag und 60 bis 70 % nachts können in einem gut belüfteten Terrarium bereits durch gelegentliches Besprühen eines Terrarienteils oder einen Bereich mit leicht feuchtem Substrat gewährleistet werden. Hierbei ist der feuchte Teil des Substrats regelmäßig auf Schimmelbildung zu überprüfen. Die Größe der Lüftungsflächen des Terrariums sollte so angepasst werden, dass die relative Luftfeuchtigkeit gut gehalten werden kann. Dabei muss jedoch immer eine ausreichende Luftzirkulation gewährleistet sein und Staunässe unbedingt vermieden werden.

Der feuchte Bereich des Bodengrundes kann dazu genutzt werden, ein feuchtes Versteck einzurichten. Lässt sich das verwendete Substrat selbst oder ein Bereich des Terrariums nicht ohne weiteres feucht halten, lohnt es sich, eine so genannte Wetbox einzurichten. Hierbei wird eine leicht zu kontrollierende Plastikbox mit einem Eingangsloch versehen und mit einem Substrat wie Kokoshumus befüllt. So lässt sich ein feuchter Bereich im Terrarium schaffen, der den Tieren vor der Häutung, für die Eiablage oder einfach bei der Suche nach einem kühleren, feuchten Versteck sehr gute Dienste leistet. Notwendig ist eine solche Box vor allem bei der Verwendung von trockenem Bodengrund wie Einstreu oder Zeitungspapier.

Blick in die Wetbox eines sich häutenden, trächtigen Weibchens.

Licht

Die Frage nach der richtigen Beleuchtung ist bei der dämmerungs- und nachtaktiven Kornnatter eher eine Frage des Geschmacks, der Einrichtung und der Bepflanzung, da der Anspruch der Tiere an die Beleuchtung relativ gering ist. Für die Kornnatter ist es absolut ausreichend, einen Tag-Nacht-Rhythmus zu gewährleisten. Das Aufstellen eines Terrariums in Fensternähe reicht hierfür jedoch nicht aus. In den Sommermonaten beträgt die Beleuchtungsdauer etwa 12 bis 14, im Frühjahr und im Herbst 8 bis 10 Stunden. In der Phase der Überwinterung wird die Beleuchtung schrittweise reduziert und anschließend langsam wieder erhöht.

Wählt man wattstarke Strahler für die Sonnenplätze (siehe „Temperatur“), können diese bereits als Beleuchtung ausreichen, wobei man auf eine nicht zu große Hitzeentwicklung achten sollte. Eine bessere Alternative bietet der Einsatz von stromsparenden Leuchtstoffröhren oder Energiesparlampen in Kombination mit schwächeren Strahlern für die „Sonnenplätze“. Leuchtstoffröhren sind zudem die bessere Wahl, falls natürliche Pflanzen im Terrarium vorhanden sind. Eine Versorgung der Kornnatter mit UV-Licht ist nicht zwingend notwendig. Eine automatisierte Steuerung der Beleuchtung ist für einen geregelten Tag-Nacht-Rhythmus wichtig und entlastet zudem den Pfleger. Hierfür eignen sich handelsübliche Zeitschaltuhren, mit denen im optimalen Fall die Grundbeleuchtung sowie die „Sonnenplätze“ getrennt gesteuert werden können.

ERNÄHRUNG

In ihrer natürlichen Umgebung steht der Kornnatter ein breites Spektrum an Beutetieren zur Verfügung. Hierbei stellen kleine Säugetiere, andere Reptilien sowie Amphibien die Hauptnahrungsquellen dar. Jedoch werden auch kleinere Vögel und deren Eier oder auch Wirbellose keineswegs verschmäht. Im Terrarium erfolgt die Ernährung der Kornnattern vornehmlich mit Mäusen von entsprechender Größe. Sind diese vorher ausgewogen ernährt worden, kann auf die Zugabe von Vitaminen und Mineralstoffen verzichtet werden. Weiterhin eignen sich kleinere Ratten, Hamster oder Hühnerküken als Nahrung, wobei der abgesetzte Kot bei der Fütterung mit Küken geruchsintensiver und dünnflüssig ist. In jedem Fall sollte die Größe des Futtertieres der Größe der Schlange angepasst sein. Als Faustregel gilt, dass der Durchmesser eines Futtertieres nicht größer sein sollte als das Anderthalbfache des Durchmessers der Schlange. Mit nestjungen Mäusen („Pinkies“), leicht behaarten Mäusen („Speckies“), Jungmäusen („Springern“) und ausgewachsenen Mäusen kann eine Kornnatter in jeder Altersstufe mit jeweils angemessen großen Futtertieren versorgt werden. Ob hierbei auf lebende Futtertiere oder auf Frostfutter zurückgegriffen wird, hängt von mehreren Faktoren ab: Nimmt ein Tier Frostfutter an, ist dies tendenziell zu empfehlen, da Frostfutter auf Vorrat eingekauft und bei Bedarf aufgetaut werden kann. Ist eine Fütterung mit lebenden Futtertieren erforderlich oder gewünscht, sollte diese speziell überwacht werden, da es hierbei auch zu Verletzungen der Schlange durch wehrhafte Nagetiere kommen kann.

Beim Verschlingen der Beute zeigt sich die große Dehnbarkeit des Kieferapparates und der Haut.

Locality Okeetee

Wo die Fütterung stattfindet, hängt auch mit der Haltungsform der Tiere zusammen: In Einzelhaltung kann eine Fütterung direkt im Terrarium erfolgen, wobei hier darauf zu achten ist, dass lebende Futtertiere unverzüglich aufgespürt und gefressen werden können. Bei der Gabe von Frostfutter ist darauf zu achten, dass im feuchten Fell der Futtertiere kein Bodengrund haften bleibt und mit aufgenommen wird, weshalb sich Unterlagen oder kleine Schälchen empfehlen. Bei einer Gruppenhaltung ist von einer gemeinsamen Fütterung prinzipiell abzuraten oder aber unbedingt darauf zu achten, dass sich nicht zwei Schlangen in einer Maus verbeißen oder ein bereits halb verschlungenes Futtertier von einer anderen Schlange ebenfalls noch attackiert wird. Dies kann im schlimmsten Falle mit dem Gefressenwerden der anderen Schlange enden, da so lange weitergeschlungen wird, bis das vermeintliche Futtertier gefressen ist. Eine sichere und ungefährlichere Variante bietet das Füttern in Plastikbehältern außerhalb des Terrariums. Hier können die Tiere einzeln gefüttert und nicht gefressene Futtertiere leicht entfernt werden. Die Gefahr, Bodengrund zu verschlucken und innere Verletzungen davonzutragen, ist ebenfalls nicht gegeben.

Die Fütterung findet bei Jungtieren im Abstand von 5 bis 7 und bei adulten Tieren von 7 bis 20 Tagen statt. Die Anzahl der Futtertiere richtet sich nach deren Größe sowie auch nach der Größe der Schlange, wobei darauf zu achten ist nicht zu überfüttern, da Schlangen naturgemäß „auf Vorrat" fressen. Weniger ist oft mehr, da Kornnattern schnell verfetten, was sich wiederum negativ auf ihre Gesundheit, ihre Fortpflanzungsbereitschaft und letztendlich auch auf ihre Ästhetik auswirkt. Der eigentliche Jagd- und Fressvorgang läuft wie folgt ab: Nachdem die Kornnatter das Futtertier wahrgenommen hat, bringt sie sich in eine günstige Position und schnappt zu. Dann muss die Beute durch Umschlingen erwürgt werden. Jungtiere erwürgen ihre Beute mitunter nicht und verschlingen sie lebend. Danach beginnt der Akt des Verschlingens, bei dem das Futtertier im Normalfall am Kopf beginnend im Ganzen verschlungen wird. Ermöglicht wird dies, da Ober- und Unterkiefer nur locker untereinander und mit dem Schädel verbunden sind. Dieser Fressakt kann bei großen Futtertieren auch fünfzehn Minuten und länger andauern. Das Verfüttern von sehr großen Futtertieren sollte vermieden werden. Besser ist es, stattdessen auf mehrere Futtertiere angemessener Größe zurückzugreifen.

PFLEGE

Hygiene

Die Hygiene im Umgang mit den Tieren und die Hygiene des Terrariums sind neben den richtigen Haltungsbedingungen und der richtigen Ernährung zwei wichtige Punkte bei der Vermeidung und Eingrenzung von Krankheiten. Zu der täglichen Hygiene eines Terrariums gehört vor allem das sofortige Entfernen von Exkrementen. Wichtig ist hierbei, dass pro Terrarium jeweils ein Instrument (z.B. ein Plastiklöffel) zur Entfernung des Kots zur Verfügung steht, um Ansteckungswege zwischen den verschiedenen Terrarien zu vermeiden. Sollten Einrichtungsgegenstände verschmutzt sein, so sind diese ebenfalls zu reinigen und zu desinfizieren. Das zur Verfügung stehende Wasser sollte je nach Bedarf, mindestens aber zweimal wöchentlich gewechselt und die Wasserschalen sollten gereinigt werden. Wenn die Tiere einmal in die Wasserschale koten, ist diese sofort zu reinigen und gründlich zu desinfizieren. Die Einrichtungsgegenstände sollten etwa vierteljährlich gereinigt und bei Bedarf erneuert werden. Bei dieser Gelegenheit empfiehlt es sich, den Bodengrund komplett auszutauschen. Je nach Bodengrund und Tierbesatz kann dies aber auch in größeren Intervallen erfolgen. Weiterhin ist es wichtig, alle für mehrere Tiere verwendeten Instrumente und Behältnisse, wie Pinzetten oder Futterboxen, regelmäßig zu desinfizieren.

Zur Hygiene beim Umgang mit Kornnattern gehört vor allem das gründliche Händewaschen vor und nach dem Umgang mit den Tieren. Auch zwischen dem Kontakt mit Tieren verschiedener Gruppen und Terrarien kann das Desinfizieren der Hände weitere Ansteckungswege ausschalten. Eine gründliche Reinigung der Hände nach ungewolltem Kontakt mit Exkrementen sowie nach der Reinigung der Terrarien versteht sich von selbst. Sollten kranke Tiere oder Tiere mit Verdacht auf Krankheiten gepflegt werden, so ist es ratsam, diese als Letzte zu versorgen, sodass danach kein unmittelbarer Kontakt zu gesunden Tieren stattfindet. Die Verwendung von Einweghandschuhen und Einweginstrumenten ist hierbei zu empfehlen, da auf diese Weise auch indirekte Krankheitsübertragungen wie beispielsweise über Türklinken etc. vermieden werden können.

Greifen und Halten

Das Handling ist für die Kornnatter immer mit Stress verbunden und sollte darum auf ein Minimum, das heißt auf die gesundheitliche Kontrolle, auf Fütterungen oder anfallende Arbeiten im Terrarium reduziert werden. Das Greifen der Tiere erfolgt ruhig aber bestimmt, indem man die flache Hand auf das Tier legt und die Schlange vorsichtig aus dem Terrarium nimmt. Schlangen halten sich meist sehr gut selbst fest und benutzen die Hand oder den Arm des Pflegers wie einen Ast. Nervöse Tiere und vor allem Jungtiere sollten immer vorsichtig am Körper festgehalten werden. Muss man ein Tier fixieren, empfiehlt sich ein Griff mit Daumen, Zeige- und Mittelfinger hinter dem Kopf des Tieres. Die andere Hand hält und stützt hierbei den restlichen Körper. Aggressive oder sehr nervöse Tiere sollten mit einem Haken oder mit Lederhandschuhen ergriffen werden. Hierbei bleiben die meisten Tiere wesentlich ruhiger als beim direkten Kontakt mit der warmen Pflegerhand, was sowohl für das Tier wie für den Pfleger unnötigen Stress vermeidet.

Dieser lockere Griff gibt dem Tier Halt, ohne es festzuklemmen.

Winterruhe

Trotz des großen Verbreitungsgebietes der Kornnatter stammen die meisten Tiere aus Gebieten mit gemäßigtem und subtropischem Klima und sind demzufolge einem jahreszeitlichen Rhythmus von warmen und kalten Perioden unterworfen. Ab dem späten Herbst nehmen die Tiere in der Natur keine Nahrung mehr zu sich und verbringen die Zeit bis zum Frühjahr in Winterruhe.

Kornnattern aus nördlichen Gebieten absolvieren eine längere Winterruhe, wohingegen das Klima im südlichsten Verbreitungsgebiet so mild ist, dass die Tiere dort teils gar keine Winterruhe einlegen. Folglich stellt die Winterruhe auch für Terrarientiere, deren genaue Herkunft häufig unklar ist, kein Muss dar. Wer jedoch seine Tiere vermehren und zu ihrer Gesunderhaltung beitragen möchte, dem sei eine kühle Überwinterung ans Herz gelegt.

Bei der Überwinterung werden die Tiere mindestens vier Wochen vor der Winterruhe nicht mehr gefüttert, damit sich ihr Verdauungstrakt möglichst vollständig entleeren kann. Im Herbst werden dann im Laufe von 3 bis 5 Wochen die Temperaturen und die Beleuchtungsdauer langsam reduziert, um die Tiere bei Werten zwischen 8 und 12 °C ohne Beleuchtung etwa 2 Monate überwintern zu können. Am Ende dieser achtwöchigen Ruheperiode werden Temperatur und Beleuchtung wieder über 3 bis 5 Wochen erhöht und die Tiere anschließend mit kleinen Futtertieren angefüttert. Da diese Temperaturwerte in normalen Wohnungen kaum gewährleistet werden können, bietet sich eine Unterbringung der Tiere in kleinen Überwinterungsbehältern, beispielsweise in einem Keller an. Ist dies nicht möglich, empfiehlt sich in jedem Fall folgende Vorgehensweise: Über einen Zeitraum von 2 Wochen werden Beleuchtung und Heizung heruntergefahren, wonach die Tiere nochmals 3 bis 4 Wochen bei Raumtemperatur (18 bis 20 °C) fasten und ruhen. Anschließend werden über einen Zeitraum von etwa 2 Wochen Beleuchtung und Heizung auf normale Werte hochgefahren. Diese insgesamt achtwöchige Futterpause reicht meist aus, um den natürlichen Jahresrhythmus der Tiere zu simulieren und ist den meist zu gut gefütterten Terrarientieren keinesfalls abträglich. Bei schwachen oder bei kranken Tieren sollte man generell von einer Winterruhe absehen.

Haltungsfehler vermeiden

Stress und mangelnde Hygiene sind Hauptursachen für Krankheiten.

- Stellen Sie das Terrarium an einer ruhigen Stelle ohne direkte Sonneneinstrahlung auf.
- Installieren Sie genügend Verstecke und Rückzugsmöglichkeiten.
- Schlangen sind keine Kuscheltiere – genießen Sie es, Ihre Tiere zu beobachten und reduzieren Sie Stress durch Herausnehmen auf ein Minimum.
- Entfernen Sie Kot immer sofort.
- Wurde in die Trinkschale gekotet, reinigen Sie diese sofort.
- Benutzen Sie pro Gruppe oder Terrarium jeweils einen anderen Kotlöffel, sodass Krankheiten nicht so einfach auf andere Gruppen übergreifen können.
- Verwenden Sie niemals dieselben Instrumente für Fütterung und Reinigung.
- Halten Sie sich an Quarantänemaßnahmen.
- Kontrollieren Sie Ihre Tiere und deren Haltungsbedingungen.
- Führen Sie Buch über Fütterungen, Häutungen und sonstige Auffälligkeiten, um Krankheiten früh erkennen zu können.
- Der Einsatz von Thermo- und Hygrometern ist Pflicht, um ein angemessenes Klima zu kontrollieren.
- Schützen Sie Ihre Tiere vor eventueller Überhitzung, vor allem in den Sommermonaten.

Zum Beispiel durch scharfe Kanten können sich Kornnattern, wie hier am rechten Auge des linken Tieres zu sehen ist, leicht ihre Schuppen verletzen.

Krankheiten und Verletzungen

Viele Krankheiten und Verletzungen der sonst so robusten Kornnatter sind auf eine falsche Haltung und Pflege der Tiere zurückzuführen. Im Folgenden werden einige der häufigsten gesundheitlichen Probleme erläutert. Wichtig ist es, bei Anzeichen von Krankheiten oder Krankheitsverdacht einen reptilienkundigen Tierarzt (siehe „Adressen und Zeitschriften“) aufzusuchen.

Häutungsschwierigkeiten sind ein Indiz für falsche Haltungsbedingungen oder Stress, können aber auch krankheitsbedingt auftreten. Im akuten Fall können die Tiere in einem Behälter mit etwa 1 cm Wasserstand lauwarm gebadet werden. Danach lassen sich Häutungsreste meist ohne größere Probleme durch das Tier selbst oder durch den Pfleger entfernen, wobei anschließend besonders die Augen und die Schwanzspitze zu kontrollieren sind. Mehrfach ungehäutete Schwanzspitzen können absterben und mitunter sogar zu schweren Infektionen führen. Sollten mehrmals hintereinander Häutungsprobleme auftreten, sollte unbedingt ein Reptilienarzt aufgesucht werden.

Äußere Verletzungen entstehen zumeist durch Bisse oder Kratzer von Futtertieren. Im Normalfall müssen diese Wunden nicht behandelt werden und verheilen von selbst. Größere Wunden sollten gegebenenfalls vom Tierarzt kontrolliert und behandelt werden.

Bei der Eiablage kann es zur so genannten Legenot kommen. Hierbei ist es dem Weibchen nicht möglich, die Eier selbstständig abzulegen. Wurde nur ein Teil der Eier gelegt, sollte dem Weibchen zunächst mindestens 24, besser noch 48 Stunden absolute Ruhe gewährt werden. Danach erfolgt gegebenenfalls eine Weiterbehandlung durch den Tierarzt, wobei erst eine medikamentöse Behandlung, im schlimmsten Fall eine operative Entfernung erfolgt.

Verdauungsstörungen wie das Auswürgen der Nahrung können natürliche wie krankhafte Ursachen haben. Natürliche Ursachen wären zu groß gewählte Futtertiere, Stress oder zu niedrige Temperaturen. Damit sich das Tier erholen kann, sollte nach einem Erbrechen immer eine einwöchige Futterpause eingehalten und dann mit einem kleinen Futtertier angefüttert werden. Krankhafte Ursachen können ebenso in Frage kommen, wobei vor allem Endoparasiten wie Amöben, Flagellaten und die besonders gefährlichen Kryptosporidien zu nennen sind. Diese können auch die Ursache für Durchfälle sein.

Zur Abklärung sollten Kot- und eventuell Magenspülproben vom Arzt genommen und untersucht oder an ein Labor weitergeleitet werden. Im akuten Fall sollten die Tiere unter strengster Beachtung der Hygiene sofort in Quarantäne überführt werden, da Ansteckungsgefahr bestehen könnte. Die Behandlung sollte individuell durch den Tierarzt festgelegt werden.

Als winzige schwarze oder rote Punkte, vornehmlich im Augen- und Nasenbereich sowie im Wassergefäß, zeigen sich Schlangenmilben. Liegt ein solcher Milbenbefall vor, so ist als erstes die Einrichtung inklusive Bodengrund auszuräumen. Danach werden Insektenstrips mit Dichlorvos eingebracht. Da dieses Gift wasserlöslich ist, sollten in dieser Zeit Wasserschalen entfernt und die Kornnattern nur noch gezielt getränkt werden. Auf eventuelle Vergiftungserscheinungen der Tiere ist besonders zu achten.

Jüngst wurde eine genetisch vererbbare Nervenkrankheit, das so genannte Stargazing (deutsch: „Sterngucken") nachgewiesen. Dieser rezessive Defekt scheint erstmals in der **Sunkissed**-Linie von Kathy Love aufgetreten zu sein. Durch ihn wird die Feinmotorik der Tiere gestört, weshalb sie häufig schlingernde Bewegungen ausführen und ihren Kopf oder Körper nach oben drehen. Ansonsten scheinen die Tiere keine lebensbedrohlichen Schäden von dieser Krankheit davonzutragen. Vor allem Züchter sollten ihre Tiere zukünftig auf diese Symptome kontrollieren.

Diese Augenentzündung sollte in jedem Fall von einem Reptilienarzt behandelt werden.

VERMEHRUNG

Paarung

Kornnattern sind relativ leicht zu vermehren. Deshalb sollte man sich vor einer Verpaarung seiner Tiere genau überlegen, ob man ausreichend Zeit, Platz und letztendlich auch finanzielle Mittel hat, um die Nachzuchten angemessen versorgen und unterbringen zu können. Weiterhin sollte man sich im Vorfeld darüber informieren, ob man die Nachzuchten auch verkaufen oder vermitteln kann. Möchte man mit seinen Tieren nicht nachziehen, so sollten die Tiere unbedingt ganzjährig nach Geschlechtern getrennt gehalten werden, da sich Kornnattern noch bis weit in den Sommer oder teilweise sogar Herbst hinein erfolgreich paaren können.

In diesem Kontext ist es wichtig, das Geschlecht der Kornnattern zu kennen. Das bekannte Sondieren, also das Einführen einer Knopfsonde in die nur bei männlichen Tieren vorhandenen Hemipenistaschen, ist bei Kornnattern im Allgemeinen nicht notwendig. Bei adulten Tieren gibt sowohl die Form des Übergangs von Körper zu Schwanz als auch der Schwanz selbst Auskunft über die Geschlechtszugehörigkeit. Während sich bei Weibchen der Schwanz hinter der Kloake gleichmäßig verjüngt, ist bei Männchen nur eine Einschnürung zwischen dem Körper und dem dickeren, sich

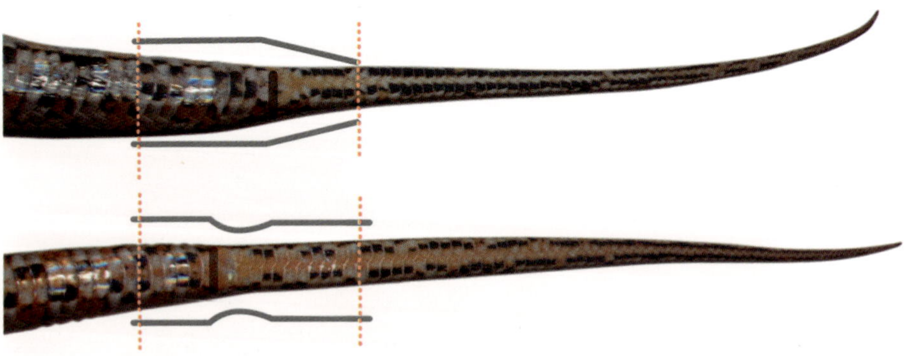

Die eingezeichneten Linien verdeutlichen die sich verjüngende Schwanzform der Weibchen (oben) sowie die Ausbuchtungen bei den Männchen (unten).

langsam verjüngenden Schwanz zu sehen. Eine weitere Möglichkeit der Geschlechtsdiagnose bietet die Schuppenzählmethode. Hierbei werden an einer abgestreiften Haut die Bauchschilde (ohne die vorderen, verkleinerten Schilde) gezählt, und vom Ergebnis wird dann die Anzahl der Schwanzschildpaare abgezogen. Bei einem Wert über 156 handelt es sich im Allgemeinen um Weibchen, bei einer Zahl darunter um Männchen. Diese Methode ist für Tiere jeden Alters geeignet, sollte aber beispielsweise durch Betrachtung der Schwanzform validiert werden. Eine vierte Methode, das so genannte Poppen, sollte aufgrund des Verletzungsrisikos nur von geübten Züchtern und nur bei Schlüpflingen angewendet werden. Hierbei können die Hemipenes der Männchen durch sanftes Drücken auf den Schwanz herausmassiert werden.

Die Paarung der Kornnatter beginnt nach der Winterruhe. Begegnen sich in dieser Zeit zwei Männchen, so kommt es zu so genannten Kommentkämpfen, bei denen – zumeist ohne Verletzungen – das stärkere Männchen das schwächere vertreibt. Da es im Terrarium keine Möglichkeiten zur wirklichen Flucht für das unterlegene Männchen gibt, sollten Männchen prinzipiell zumindest in dieser Zeit getrennt voneinander untergebracht werden. Begegnen sich hingegen Männchen und Weibchen, kann es zu einer Paarung kommen. Grundsätzlich sollten Weibchen frühestens im zweiten Lebensjahr verpaart werden und mindestens 300 g wiegen.

Beim Paarungsvorgang kriecht das Männchen, mit dem Kinn über ihren Rücken reibend, auf das Weibchen und versucht, seine Kloake auf die ihre zu pressen. Anfangs kann das Weibchen hierbei langsam oder auch wild flüchten, wobei das Männchen versucht, stets auf dem Weibchen zu bleiben. Versucht das Weibchen permanent zu flüchten, sollte es wieder vom Männchen getrennt werden. Beruhigen sich die Tiere jedoch nach einiger Zeit, so beginnt das Männchen mit seinem Schwanz den Schwanz des Weibchens zu umschlingen. Kann das Männchen seine Kloake dann an die des Weibchens bringen, dringt es mit einem Hemipenis in diese ein. Die eigentliche Kopulation dauert meist 5 bis 20 Minuten, wobei die Tiere in dieser Zeit oft bewegungslos verharren und nur leicht windende Bewegungen mit den Schwanzspitzen vollführen.

Kornnattern beim Paarungsspiel – gut zu sehen die umschlungenen Schwänze und das Männchen, das sich oben auf dem Weibchen befindet.

Eiablage

Kornnatterweibchen sind etwa 29 bis 70 Tage trächtig (SCHULZ 1996) und nehmen in dieser Zeit im hinteren Drittel deutlich an Körperumfang zu. Sie häuten sich zumeist 5 bis 20 Tage vor der Eiablage nochmals und nehmen dann meist keine Nahrung mehr zu sich. Allerspätestens jetzt sollte dem Weibchen ein geeigneter, geschützter Eiablageplatz zur Verfügung gestellt werden. Hierfür eignen sich stressarm zu kontrollierende Plastikbehälter, die mit leicht feuchtem Kokoshumus oder mit Sphagnummoos gefüllt werden. Bei der Eiablage selbst sollte das Weibchen so wenig wie möglich gestört werden, um eine Legenot zu vermeiden. Abgelegt werden etwa 12 bis 18 Eier, wobei jüngere Weibchen eher 5 bis 15, ältere nicht selten über 30 Eier ablegen. Befruchtete Eier sind hell, rund und fühlen sich bald nach der Ablage trocken an. Unbefruchtete Eier hingegen sind gelblich, meist kleiner und fühlen sich feucht bis schleimig an oder sind fest und bernsteinfarben. Nach der Eiablage häuten sich die Weibchen nochmals und sollten dann vorsichtig wieder angefüttert werden. Viele Weibchen setzen auch ohne eine nochmalige Verpaarung ein meist kleineres Zweitgelege ab.

Ein Weibchen bei der Eiablage in der mit Kokoshumus gefüllten Eiablagebox. Die Tiere sollten dabei keinesfalls gestört werden.

Inkubation

Da man in einer für das Terrarium geeigneten Ablagebox die für die Inkubation erforderlichen konstanten klimatischen Bedingungen kaum schaffen kann, ist es sinnvoll, die Eier nach der Ablage in einen Inkubator zu überführen. Da Kornnattereier keine übermäßig hohen Ansprüche an den Inkubator stellen, eignen sich selbst gebaute Inkubatoren sowie auch Brüter, die sich im Fachhandel erwerben lassen. Die Eier werden, ohne sie zu drehen oder die meist verklebten Eier gewaltsam voneinander zu trennen, in feuchtes Substrat, wie Vermiculit oder Sphagnummoos, gebettet. Als Faustregel gilt hierbei, dass sich das Substrat beim Zusammendrücken zwischen den Fingern zwar feucht anfühlen, aber nicht tropfen sollte. Gesunde Kornnattereier sind sehr robust, sodass ihnen auch benachbarte verdorbene, eventuell schimmelnde Eier kaum etwas anhaben können. Bei einer Temperatur von etwa 27 bis 28 °C werden die Eier dann in der Regel 55 bis 80 Tage inkubiert.
Zu dem komplexen Thema Inkubation und Inkubatorbau sei auf weiterführende Literatur wie beispielsweise KÖHLER (2004) verwiesen.

Ein Wachsei, ein unbefruchtetes und ein befruchtetes Ei (von links nach rechts) auf als Brutsubstrat verwendetem Vermiculit.

Schlupf

Der Schlupf der jungen Kornnattern kündigt sich meist durch leichtes Schwitzen und Einfallen der Eier an. Etwa 5 bis 10 Tage später zeigen sich dann erste Schlitze, die die Jungtiere mit ihrem Eizahn in die Eischale ritzen. Nach und nach beginnen sie, ihren Kopf aus dem Ei zu strecken, um Luft zu atmen. So verharren die Jungtiere dann meistens einen, in Ausnahmefällen auch zwei oder mehr Tage, um den Rest ihres Dottersackes aufzubrauchen. Störungen sind hier auch bei noch so großer Neugier des Pflegers zu vermeiden. Anschließend kriechen die Jungtiere aus ihren Eiern. In der Regel schlüpfen alle Tiere eines Geleges innerhalb weniger Tage, wobei diese Zeit je nach Inkubationsbedingungen auch größeren Schwankungen unterworfen sein kann. Manche Jungtiere schaffen es nicht selbst, aus dem Ei zu schlüpfen. Häufig liegen hier Missbildungen vor oder das Jungtier ist geschwächt. Auf ein Aufschneiden der Eier sollte dennoch verzichtet werden. Zum einen ist der konkrete Schlupfzeitpunkt kaum abzupassen, zum anderen stört es die gesunden Tiere nur beim Schlupf.

Dieses Jungtier streckt gerade seinen Kopf aus dem Ei und wird so etwa einen Tag verharren. Noch ist deutlich der bald abfallende Eizahn zu entdecken.

Aufzucht

Nach dem Schlupf können die Jungtiere einzeln oder in kleinen Gruppen in Aufzuchtbehälter überführt werden. Die Einzelhaltung erlaubt hierbei eine genauere Kontrolle der Jungtiere, eine Gruppenhaltung ist hingegen platz- und zeitsparender. Die Haltung in kleinen Behältern hat sich als vorteilhaft und stressärmer erwiesen. Bei den Haltungsbedingungen für Schlüpflinge ist darauf zu achten, dass die Nachttemperaturen nicht zu niedrig sind. Bis zu ihrer ersten Häutung etwa eine Woche nach dem Schlupf sollten die Schlüpflinge etwas feuchter gehalten werden. Anschließend können sie dann mit nestjungen Mäusen angefüttert werden. Sehr wichtig ist eine Kontrolle bei der Fütterung mehrerer Jungtiere, damit es nicht zu Unfällen kommt. Jungtiere, die nicht selbstständig fressen wollen, sollten möglichst stressfrei und mittels verschiedener Tricks zum Fressen bewogen werden. Hierfür eignen sich Frostpinkies, denen das Hirn aufgeschnitten wurde oder lebende Pinkies. Auch ein Verwittern des Futters mit Huhnfett erzielt gute Erfolge.

„Greyhead" Miami

II. FARBVARIANTEN

Die sehr gut umzusetzenden Anforderungen an ihre Haltung sowie die Umgänglichkeit der Tiere ebneten der Kornnatter den Weg in viele heimische Terrarien. Ihre große Beliebtheit sowohl bei Anfängern in der Schlangenhaltung wie auch bei ambitionierten Züchtern erlangte die Kornnatter jedoch durch ihre zahlreichen Farbvarianten. In den letzten 30 Jahren wurde eine Vielzahl genetisch vererbbarer Farb- und Zeichnungsmutationen entdeckt, immer wieder neu kombiniert, und weitere interessante Merkmale wurden herausgezüchtet. Gerade diese Vielzahl und das Fehlen eines offiziellen internationalen Standards sind es jedoch, die häufig zu Verwirrung führten und führen. Das Engagement der internationalen Züchtergemeinde sorgt jedoch dafür, dass sich die Verwendung und die Anerkennung von Farbvarianten und deren Bezeichnungen von selbst regeln kann. Der umfangreiche Farbvariantenteil widmet sich im Folgenden den Grundlagen der Farbzucht, dem System der Namensgebung sowie auch einer Vielzahl aktuell verfügbarer Farb- und Zeichnungsvarianten. Der Schlüssel zum Verständnis der Farbzucht und des Systems hinter den bestehenden Farbvarianten liegt in der Vererbungslehre, der Genetik. Fehlendes Grundwissen im Bereich der Genetik ist ein Hauptgrund dafür, dass bei Verpaarungen nicht die gewünschten Ergebnisse erzielt oder Tiere falsch bezeichnet werden. Dabei sind die zur Farbzucht erforderlichen Grundsätze der Vererbungslehre leicht zu verstehen und mit etwas Übung durch jedermann anzuwenden. Jedem, der sich für Farbvarianten interessiert, sei daher ans Herz gelegt, sich die Zeit zur aufmerksamen Lektüre des folgenden Genetikteils zu nehmen und sich von einigen biologischen Begriffen nicht abschrecken zu lassen.

GRUNDLAGEN DER GENETIK

Die Regeln der Vererbungslehre wurden bereits in der Mitte des 19. Jahrhunderts von Gregor MENDEL, einem Augustinermönch, aufgestellt. Sie ergaben sich aus Beobachtungen, die er bei der Zucht von Erbsen anstellen konnte, und haben noch heute im Rahmen der klassischen Vererbungslehre ihre Gültigkeit. Die Erfahrung hat gezeigt, dass die Mendelschen Regeln für die Farbzucht ausreichend sind, da sie alle praktisch relevanten Fälle abdecken. Wer tiefer in die Materie der Vererbungslehre einsteigen möchte, dem sei weiterführende Literatur zur Genetik empfohlen.

Das Genom eines Tieres ist die Gesamtheit der genetischen Informationen in jeder seiner Zellen. So sind im Zellkern auch die Strukturen verankert, die Farbe und Zeichnung bestimmen. Eine Eigenschaft, beispielsweise die Fähigkeit, einen Farbstoff auszubilden oder ein ganz bestimmtes Muster zu zeigen, bezeichnet man als *Merkmal*. Derjenige Teil in der Erbinformation, der für die Ausprägung des Merkmals zuständig ist, wird als *Gen* bezeichnet. Die Position dieses Gens in der Erbinformation bezeichnet man als Genplatz oder auch *Locus*. Ein Gen kann in verschiedenen Zuständen vorkommen, welche man als *Allele* bezeichnet. Zur Verdeutlichung sei als Beispiel das „Albino-Gen" der Kornnatter herangezogen. Es handelt sich hierbei um einen Gendefekt, der die Bildung des schwarzen Farbstoffs Melanin verhindert. Das zuständige Gen, bezeichnen wir es als TYR-Gen, liegt an einem bestimmten Platz, dem TYR-Locus. In der Natur befindet sich dieses Gen meist in einem Zustand, in dem es die Bildung des schwarzen Farbstoffes zulässt. Diesen Zustand nennt man das *Wildtyp-Allel*. Verändert sich der Zustand des Gens, man sagt es mutiert, so kann sich die Merkmalsausbildung ändern und beispielsweise zur Verhinderung der Produktion des schwarzen Farbstoffes führen. Dieser neue Zustand ist also ein weiteres Allel des TYR-Gens, das **Amelanistic**-Allel.

Alle Erbinformationen liegen im doppelten Chromsomensatz vor. Demzufolge hat ein Gen einen bestimmten Zustand im einen und im anderen Chromosomensatz, das heißt, Allele kommen nicht nur einzeln, sondern immer paarweise vor. Liegt zweimal das gleiche Allel vor, so bezeichnet man das Individuum als hierfür reinerbig oder homozygot. Als mischerbig oder heterozygot bezeichnet man ein Individuum hingegen, wenn zwei verschiedene Allele eines Gens vorhanden sind. Diese Sicht auf die Gene eines Individuums bezeichnet man als seinen Genotyp. Von außen betrachtet hat man jedoch nur eine Sicht auf die ausgeprägten Merkmale des Tieres, deren Gesamtheit man als Phänotyp bezeichnet. Wie ein bestimmtes Merkmal im Phänotyp sichtbar wird, hängt also vom Genotyp und im Speziellen davon ab, wie das entsprechende Paar von Allelen aussieht: Bei einem reinerbigen Vorhandensein der Allele wird immer dieser Zustand des Merkmals ausgeprägt. Sind die Allele mischerbig vorhanden, so gibt es drei unterschiedliche Fälle der Merkmalsausprägung, die in nachfolgender Abbildung dargestellt sind:

Dominiert ein Allel das andere, so wird das Merkmal dem dominanten Allel entsprechend ausgeprägt. Das vom dominierenden Allel unterdrückte Allel wird als rezessiv bezeichnet und findet keine Ausprägung. Liegt eine intermediäre oder kodominante Ausprägung vor, so werden beide Allele ausgeprägt und es kommt zu einer Mischung beider Merkmale. In der Biologie wird klassisch zwischen intermediärer und kodominanter Vererbung unterschieden. Da diese Unterscheidung rein durch den Phänotyp meist kaum möglich ist, verwenden wir hier einheitlich die Bezeichnung kodominant und kennzeichnen so, dass die mischerbige Variante zweier Allele im Phänotyp erkennbar ist. Häufig wird im Bereich der Farbzucht auch das englische „codominant" verwendet.

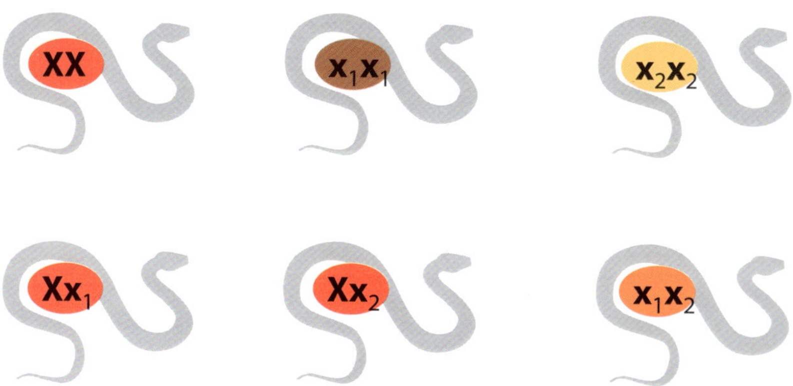

Genotyp und entsprechende Ausprägung. Obere Reihe (v.l.n.r.): Reinerbig für das dominante Allel X (rot), das rezessive Allel x_1 (braun) sowie das rezessive Allel x_2 (gelb).
Untere Reihe (v.l.n.r.): Mischerbig dominiert X über x_1 (rot) sowie über x_2 (rot); x_1 und x_2 sind jedoch kodominant zueinander (orange).

MENDELSCHE REGELN

Im Abschnitt Grundlagen wurde erläutert, wie der Genotyp eines einzelnen Individuums aussieht und wie dieser die Ausbildung von Merkmalen, also den Phänotyp, bestimmt. Im nun folgenden Abschnitt wird beschrieben, wie und im Speziellen nach welchen Regeln die Gene einer Generation an deren Nachkommen weitergegeben werden.

Die Beobachtungen von Gregor MENDEL ließen für ihn nur den Schluss zu, dass in Spermien- und Eizelle nicht beide Erbanlagen, sondern jeweils nur eine von beiden oder, genauer gesagt, eine Mischung beider enthalten ist. Die kombinierte Erbinformation aus Spermien- und Eizelle bildet zusammen wieder die doppelt vorhandene Erbinformation der Nachkommen und bestimmt somit auch deren Merkmale.

Die erste Mendelsche Regel bezeichnet man als die *Uniformitätsregel*. Ausgangspunkt der Betrachtung sind zwei reinerbige Elterntiere. Die Uniformitätsregel besagt, dass bei einer Verpaarung dieser beiden reinerbigen Tiere, die man auch als Eltern- oder Parentalgeneration P bezeichnet, nur gleiche, also uniforme Nachkommen entstehen. Man bezeichnet diese Nachkommen der P-Generation als Filialgeneration 1 oder kurz F1. Die erste Mendelsche Regel soll nun anhand eines Gens in Form des Wildtyp-Allels und eines Amelanistic-Allels, welches die Bildung von Melanin blockiert, erläutert werden. Wie in der Abbildung auf Seite 49 dargestellt, ist ein Elternteil reinerbig für das dominante Wildtyp-Allel A und ein Elternteil reinerbig für das rezessive Amelanistic-Allel a. Jeder Elternteil gibt nun mit gleicher Wahrscheinlichkeit eines der beiden Allele weiter. Folglich erhalten alle Nachkommen ein A des einen und ein a des anderen Elternteils. Da der Genotyp der mischerbigen Nachkommen gleich ist, gleicht sich auch ihr Phänotyp. In diesem Beispiel wären alle Nachkommen wildfarben, da A dominant gegenüber a ist. Dies ist der gängige Fall für rezessive Farb- und Zeichnungsmutationen, die bei der Farbzucht die Hauptrolle spielen. Bei einem kodominanten Erbgang würde die F1-Generation der Mischform der beiden Allele entsprechen.

Die zweite Mendelsche Regel, die man als *Spaltungsregel* bezeichnet, beschreibt die Nachkommen, die bei der Verpaarung zweier misch-

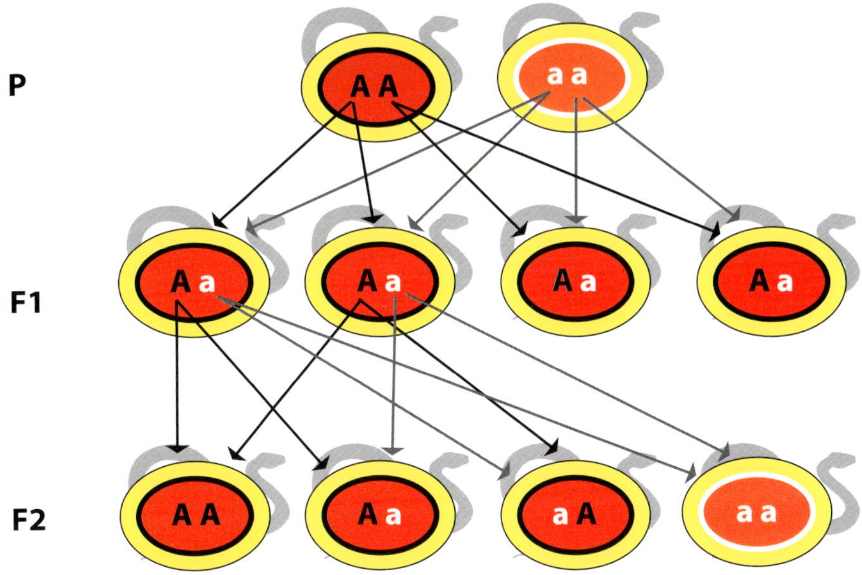
P
A A
a a
F1
A a
A a
A a
A a
F2
A A
A a
a A
a a

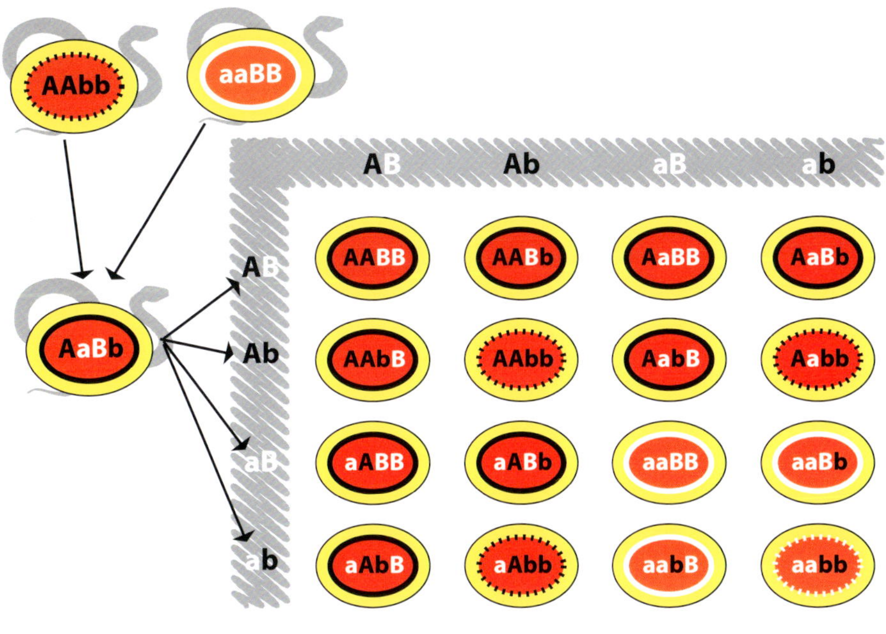
AAbb
aaBB
AaBb
AB
Ab
aB
ab
AB
Ab
aB
ab
AABB
AABb
AaBB
AaBb
AAbB
AAbb
AabB
Aabb
aABB
aABb
aaBB
aaBb
aAbB
aAbb
aabB
aabb

erbiger F1-Tiere entstehen. Wiederum geben beide Eltern mit gleicher Wahrscheinlichkeit eines ihrer beiden Allele weiter. Wie in der Abbildung auf Seite 49 dargestellt, entstehen nun Nachkommen mit verschiedenen Genotypen, wobei sich die Wahrscheinlichkeit für deren Auftreten statistisch vorhersagen lässt. In jeweils einem Viertel der Fälle entstehen die Genotypen AA sowie aa, welche wieder den Eltern aus der P-Generation entsprechen. In zwei Viertel der Fälle entstehen wieder mischerbige Nachkommen, die der F1-Generation entsprechen. Phänotypisch betrachtet entstehen bei den Nachkommen wildfarbene und amelanistische Nachkommen im Verhältnis 3:1. Hieraus ergeben sich zwei für die Farbzucht wichtige Erkenntnisse: Zum einen liegt die Chance, in der F2-Generation die für die Farbzucht interessanten Nachkommen zu erhalten, bei 25 %. Zum anderen lässt sich der Genotyp der restlichen 75 % der Nachkommen nicht mehr genau bestimmen. Zwei Drittel dieser Nachkommen sind spalterbig für das amelanistische Gen, wohingegen ein Drittel reinerbig für das Wildtyp-Allel ist. Solche Tiere bezeichnet man als 66 % possible hetero, da man bei einer zufälligen Auswahl eines wildfarbenen Tieres der F2-Generation mit einer Chance von 66 % ein spalterbiges Tier antrifft.

Die für die große Vielfalt der genetischen Farbvarianten entscheidende Regel ist die dritte Mendelsche Regel, die man auch als *Unabhängigkeits-* oder *Neukombinationsregel* bezeichnet. Die Kernaussage dieser Regel ist, dass sich Allele, die auf unterschiedlichen Genplätzen beheimatet sind, unabhängig voneinander vererben und sich nicht gegenseitig beeinflussen. Das Bild auf Seite 49 zeigt ein so genanntes Punnettsches Quadrat, In welches die Vorpaarung zweier F1-Nachkommen eingetragen wurde. Betrachtet werden zwei unabhängige rezessive Allele a und b. Wie man sieht, ergeben sich alle möglichen Kombinationen der vier in der Spaltungsregel auftretenden Genotypen beider Allele. Theoretisch sind von den sechzehn möglichen Kombinationen neun Nachkommen wildfarben, drei Nachkommen entsprechen dem für a reinerbigen Großelternteil, drei dem für b reinerbigen Großelternteil, und ein Nachkomme bildet beide Merkmale a und b aus. Für die Farbzucht ist also die Erkenntnis wichtig, dass die Chance für die Kombination zweier rezessiver Mutationen in der F2-Generation bei nur einem Sechzehntel liegt.

Mithilfe der Mendelschen Regeln und mit dem Wissen, welche Allele unabhängig voneinander sind und wie sie sich untereinander verhalten (dominant, rezessiv, kodominant) lassen sich nun alle für die Farbzucht relevanten Fälle beschreiben, Verpaarungen gezielt durchführen sowie die Wahrscheinlichkeiten für Nachkommen berechnen. Hilfreich hierfür ist die Verwendung von Punnettschen Quadraten. Desweiteren finden sich auch Tools wie z.B. www.kornnatterlexikon.de/calculator, die einem diese Berechnung abnehmen und eine sehr hilfreiche Alternative für die Betrachtung von Verpaarungen, in denen viele Allele eine Rolle spielen, darstellen. Für den Einsteiger in die Farbzucht und um eines besseren Verständnisses willen empfiehlt es sich jedoch, anfangs einige Fälle ausführlich auf dem Papier durchzurechnen und zu überprüfen.

Ein typisches Kornnatterngelege mit der Beteiligung von **Amelanistic** und **Anerythristic**. Im Schnitt schlüpfen 9 wildfarbene (l.o.), 3 amelanistische (l.u.) und 3 anerythristische (r.o.) Jungtiere sowie 1 amelanistisch-anerythristisches Jungtier (r.u.).

Blizzard

MUTATIONSZUCHT

Genetische Farbvarianten

Ein Großteil der Kornnatterfarbvarianten setzt sich aus genetisch vererbbaren Mutationen zusammen, welche die Farbe und die Zeichnung der Tiere beeinflussen. In diesem Abschnitt soll eine Einführung in die wichtigsten Farb- und Zeichnungsmutationen gegeben sowie eine Auswahl ihrer bekanntesten Kombinationen vorgestellt werden.

Die Möglichkeiten, die Farbe und die Zeichnung der Kornnatter genetisch zu beeinflussen, sind sehr vielfältig. Die Kornnatter bildet die drei Farbpigmente Rot (Erythrin), Schwarz (Melanin) und Gelb (Xanthin) in ihren Farbzellen (Chromatophoren) aus, die durch Gene in viele Richtungen beeinflusst werden können. Weiterhin besitzt die Kornnatter wie fast alle Reptilien so genannte Strukturzellen (Iridophoren), die durch Lichtbrechung bläuliche und grünliche Farbnuancen erzeugen können. Eigenständige Mutationen, welche die Strukturzellen konkret verändern, sind bisher jedoch nicht bekannt. Daher gliedert man die Farbmutationen grob nach den vorhandenen Farbpigmenten und unterscheidet hier das Fehlen (Vorsilbe A-), die verminderte Bildung (Vorsilbe Hypo-) und die vermehrte Bildung (Vorsilbe Hyper-) eines Farbstoffes. Es gibt also genetisch vielfältige Möglichkeiten, drei Farben und eine komplexe Zeichnung zu variieren und diese auch noch miteinander zu kombinieren.

Ein besonderes Merkmal dieser genetischen Farbvarianten ist deren Variabilität im Phänotyp. Wählt man einen Vergleich, z.B. mit dem Haushund, so kann man sich leicht vorstellen, dass ein albinotischer Dackel und ein albinotischer Schäferhund in ihrem Erscheinungsbild trotzdem sehr verschieden sind. Ähnlich verhält es sich bei der Kornnatter, die schon in ihrer Wildfarbe sehr variabel ist. Für die Bezeichnung bzw. die Zuordnung zu diesen Farbvarianten ist jedoch einzig und allein das Vorhandensein eines oder mehrerer Gene entscheidend und nicht das spezielle Aussehen des einzelnen Tieres. Dies ist eine wichtige Eigenschaft der genetischen Farbvarianten, die in der Vergangenheit häufig falsch verstanden und beschrieben wurde. Varianten, bei denen hingegen das Aussehen namensgebend ist, werden im folgenden Abschnitt über Auswahlzuchten ausführlich vorgestellt.

Amenalistic

Die wohl bekannteste Farbvariante der Kornnatter ist die **Amelanistic**, die oft fälschlicherweise auch als Albino bezeichnet wird. Ihr Name leitet sich aus dem Fehlen (A-) des schwarzen Farbstoffs Melanin ab, wodurch die **Amelanistic** nur ein so genannter „Teilalbino" ist.

Die Geschichte der Entdeckung und Zucht des **Amelanistic**-Gens ist hierbei von besonderer Bedeutung, da sie so etwas wie den Ursprung der Farbzucht von Kornnattern darstellt. Sie beginnt im Jahre 1959, als Bernard BECHTEL ein 1953 gefangenes, amelanistisches Kornnattermännchen des Charlotte Children's Museum erwarb. Um zu beweisen, dass es sich hierbei um ein rezessives Gen handelt, verpaarte BECHTEL das Männchen mit drei wildfarbenen Kornnatterweibchen und erhielt in der ersten Generation erwartungsgemäß nur wildfarbenen Nachwuchs. Das amelanistische Männchen starb leider daraufhin, sodass BECHTEL zwei Jahre später die Nachkommen der F1-Generation untereinander verpaaren musste. Am 31. August 1961 erblickten dann die ersten gezüchteten amelanistischen Kornnattern das Licht der Welt, wobei ihr Anteil in der F2-Generation wie erwartet bei etwa einem Viertel lag. Von hier an hielt die amelanistische Kornnatter Einzug in Terrarien auf der ganzen Welt und begründete damit die Erfolgsgeschichte der Kornnatterfarbvarianten.

Charakteristisch für den Phänotyp der **Amelanistic** ist natürlich das Fehlen des schwarzen Farbstoffes, weshalb die Tiere besonders leuchtende Rot- und Gelbtöne zeigen können. Die klassische **Amelanistic** zeichnet sich durch einen gelben Untergrund mit roten Sattelflecken aus, welche meist eine schmale weiße Umrandung tragen. Die Augen der Tiere sind erwartungsgemäß rot, was sowohl die Pupille wie die Iris einschließt. Aufgrund der langen Verfügbarkeit des **Amelanistic**-Gens wurde auf seiner Basis eine Vielzahl von Auswahlzuchten herausgezüchtet, auf die im entsprechenden Kapitel gesondert eingegangen wird. Bei der Kornnatter (*P. guttatus*) gibt es derzeit nur ein bekanntes amelanistisches Gen. Ein von der **Amelanistic** unabhängiges amelanistisches Gen ist jedoch auch von der Präriekornnatter (*P. emoryi*) bekannt und wurde von Don SODERBERG entdeckt. Weitere Verkaufsbezeichnungen der **Amelanistic** sind **Missing Black** und **Red Albino**.

Dieses **Amelanistic**-Jungtier hat bisher nur wenig Gelb- und Orangetöne ausgebildet – bei ihm wird das Weiß vollkommen verschwinden.

Eine adulte **Amelanistic** mit roten Sattelfecken auf gelblich-orangefarbenem Untergrund und deutlich sichtbaren weißen Umrandungen.

Anerythrismus

In der Kategorie anerythristischer Farbvarianten, die das Fehlen des roten Farbstoffes Erythrin gemein haben, fasst man derzeit 5, womöglich auch 6 verschiedene, unabhängige Gene zusammen. Trotz dieser Gemeinsamkeit unterscheiden sich die Varianten teils sehr stark in ihrem Äußeren, teils ähneln sie sich jedoch auch, vor allem im Jungtierstadium, sehr. Es sei darum nochmals betont, dass sich diese Varianten zwar in ihrem Phänotyp ähneln können, in den genetischen Eigenschaften sind sie aber ebenso verschieden und unabhängig wie beispielsweise **Amelanistic** und **Anerythristic**. Leider existiert noch immer die falsche Praxis, anerythristische Tiere anhand ihres Aussehens statt ihrem Genotyp entsprechend zu klassifizieren.

Anerythristic

Auch die **Anerythristic** gehört zu den bekannten Kornnatterfarbvarianten. Sie stellt die zuerst entdeckte Farbvariante dieser Kategorie dar und war für sie ebenfalls namensgebend. Die Jungtiere dieser Variante präsentieren sich mit einem weißen bis hellgrauen Untergrund und mit tief schwarzen Sattelflecken. Während ihrer Entwicklung entfärben sich die Sattelflecke meist zu verschiedenen Braun- und dunklen Grautönen. Hinter dem Kopf beginnend färben sich die Flanken der Tiere gelb ein. Dieser Gelbanteil kann je nach Individuum fast bis zum Ende des Körpers reichen oder gar ganz fehlen. Die Pupille der Tiere ist schwarz, die Iris dunkelgrau. Durch das fehlende Rot und das kaum vorhandene Gelb bleibt die Bauchseite der Tiere reinweiß mit einem schwarzen Schachbrettmuster. Interessant ist, dass es auch in der Natur ein größeres Vorkommen von anerythristischen Kornnattern im Südwesten Floridas gibt (LOVE & LOVE 2005). Man führt dies auf den fortschreitenden Bau von Straßen und versiegelten Flächen zurück, auf denen die Tiere durch das Fehlen des roten Farbstoffes besser getarnt sein könnten als ihre wildfarbenen Artgenossen. Die **Anerythristic** ist heute sehr weit verbreitet und findet sich unter vielen Verkaufsnamen wie **Anerythristic A**, **Black Albino**, **Missing Red** oder **Black & White**.

Diese junge **Anerythristic** wirkt noch fast vollständig schwarz und weiß, wobei langsam Gelbtöne an den Flanken sichtbar werden.

Braun- und Grautöne sowie gelbe Flanken bestimmen das Aussehen von adulten **Anerythristics**. Dieses Exemplar ist besonders hell gefärbt.

Charcoal
Die ehemals als **Anerythristic B** bezeichnete **Charcoal** ähnelt optisch der **Anerythristic**, stellt jedoch ein eigenes, also unabhängiges Gen dar. **Charcoals** schlüpfen ebenfalls mit einem silbergrauen Untergrund und dunklen, teilweise jedoch eher dunkelgrauen denn schwarzen Sattelflecken. Die Adulti zeigen je nach Zuchtlinie dunkelbraune, häufiger jedoch dunkle, silbergraue Sattelflecke. Bei fast allen **Charcoals** bleibt die Bildung des gelben Farbstoffes völlig aus oder ist auf kleine Flecke seitlich hinter der Kopfpartie reduziert. Anders als bei der **Anerythristic** ist die Iris der **Charcoal** sehr dunkel, fast schwarz. Entdeckt wurde dieses Gen 1984 von Bill & Kathy LOVE, die die erste **Charcoal**, wahrscheinlich einen Pine Island-Wildfang, in einem Zooladen erwarben (LOVE & LOVE 2000). Dieses Tier unterschied sich optisch leicht von der damals bereits bekannten **Anerythristic**. Darauf folgende Testverpaarungen konnten belegen, dass es sich um ein neues, unabhängiges Gen handelte.

An dieser Stelle soll ein kurzer Exkurs zur Unterscheidung von **Charcoal** und **Anerythristic** erfolgen: KREUTZ (2005) bezeichnet anerythristische Tiere mit Gelb als **Anerythristic**, Tiere ohne Gelb als **Charcoal**. Da es sich bei den beiden Varianten jedoch um verschiedene Gendefekte handelt (LOVE & LOVE 2005), die beide mit und ohne Gelb auftreten können, hält der Autor das Unterscheidungsmerkmal „Gelb" für nicht ausreichend. An dieser Stelle seien daher kurz noch einmal die wichtigsten Merkmale der **Anerythristic** und der **Charcoal** erläutert, die eine Unterscheidung der Varianten auch anhand ihres Aussehens ermöglichen: Die bereits erwähnte Farbe der Iris ist ein sicheres und damit das Hauptunterscheidungsmerkmal. Weiterhin besitzt die **Charcoal** einen sehr charakteristischen bläulichen Schimmer auf dem Kopf, und ihre dunklen Augen scheinen leicht durch die Kopfoberseite. Bei der **Anerythristic** ist die Kopfansicht hingegen unauffällig.

Ein Vergleich von **Charcoal** (oben) und **Anerythristic** (unten) zeigt die unterschiedliche Farbe der Iris sowie das unterschiedlich starke Durchschimmern der Augen nach oben.

Dieses Jungtier der Variante **Charcoal** besitzt dunkle, fast schwarze Sattelflecke auf einem bereits silbernen Hintergrund.

Bei dieser adulten **Charcoal** haben sich die Kontraste zwischen Hintergrund und Sattelflecken bereits vermindert, wodurch die Tiere in ihrer Erscheinung silbergrau wirken.

Caramel

Die **Caramel** ist eine weitere anerythristische Farbform, die von einigen Züchtern als die einzig wirkliche anerythristische Farbform angesehen wird. Die Jungtiere schlüpfen ähnlich wie die **Anerythristic** und die **Charcoal** fast schwarzweiß, wobei die Sattelflecke häufig bereits bräunliche Töne aufweisen und speziell zwischen den ersten Sattelflecken bereits gelbe Punkte vorhanden sind. Während ihrer Entwicklung beginnt der Untergrund sehr schnell, kräftige Gelbtöne auszubilden. Adult präsentieren sich **Caramels** mit schwarz umrandeten, kräftig braunen bis ockerfarbigen Sattelflecken auf einem gelben Untergrund. Der Grund für die Einstufung der **Caramel** als einzige wirkliche anerythristische Farbform besteht darin, dass dieses Gen die Bildung von Gelb wahrscheinlich nicht beeinflusst, sondern nur den roten Farbstoff entfernt. Andere Züchter sind der Meinung, dass **Caramel** auch das Attribut hyperxanthisch verdient hätte, da der Anteil von Gelb (Xanthin), der zum Vorschein kommt, gegenüber der Wildform scheinbar vermehrt (hyper-) ist. Entdeckt wurde diese Variante von Rich ZUCHOWSKI, der ein übermäßig gelbes Weibchen in einem Zooladen erwarb (ZUCHOWSKI 2007) und in seine Linien einbrachte. 1991 schlüpften bei ihm erstmals übermäßig gelbe „**Snows**“ (heute bekannt als **Butter**) und besonders gelbe „**Anerythristics**“ (**Caramel**). Testverpaarungen gegen **Anerythristic** konnten daraufhin zeigen, dass es sich um ein eigenes, unabhängiges Gen handelt. Interessant ist, dass einige Tiere, die spalterbig für **Caramel** sind, scheinbar gelber als nicht spalterbige Tiere erscheinen. Der Autor führt dies jedoch eher darauf zurück, dass die Züchter im Laufe der Jahre die schönsten und besonders gelben **Caramel** zurückbehalten haben und sich diese Eigenschaft folglich auch beim Auskreuzen bemerkbar macht. Bei einer Beispielverpaarung zweier für **Caramel** spalterbig veranlagter Tiere, bei welcher nur zwei Drittel der wildfarbenen Nachkommen später selbst spalterbig sind, konnte bis dato noch keine sichere optische Unterscheidung von spalterbigen und nicht spalterbigen Tieren nachgewiesen werden. Aus diesem Grund sollte man **Caramel** weiterhin als rezessives Gen betrachten, das sich in seiner spalterbigen Form nicht, beziehungsweise nicht eindeutig bemerkbar macht.

Diese juvenile **Caramel** zeigt noch sehr dunkle Brauntöne auf relativ silbernem Grund. Zwischen den ersten Sattelflecken erkennt man bereits deutlich die Umfärbung des Hintergrundes.

Diese adulte **Caramel** überzeugt durch einen sehr schönen Kontrast zwischen dunklen, ockerfarbenen Sattelflecken und einem gelbgrauen Untergrund.

Lavender

Die Variante **Lavender** ist ein interessantes Gen und aktuell das gefragteste der vier klassischen anerythristischen Gene, zu denen man ansonsten **Anerythristic**, **Charcoal** und **Caramel** zählt. 1985 schlüpften bei Rich Zuchowski erstmals sehr seltsam anmutende, schokobraune Jungtiere aus einem Gelege, bei dem das Weibchen leider an Legenot verstarb. Zuchowskis Frau gab den Tieren daraufhin den Namen **Mocha**, unter dem man heute noch vereinzelt die **Lavender** antreffen kann. Anfangs verkaufte Rich Zuchowski einige für **Mocha** spalterbige Exemplare, sodass dieses Gen seinen Weg in andere Bestände beginnen konnte und später durch andere Züchter unter dem Namen **Lavender** bekannt wurde (Zuchowski 2007). Die nach dem Schlupf schokobraunen Sattelflecke der **Lavender** entfärben sich über Violett und Blau zu einem Silbergrau in der adulten Phase der Tiere. Das häufige Auftreten von Violetttönen in ihrer juvenilen Phase brachte den Tieren auch ihren Namen **Lavender** (dt.: Lavendel) ein. Die Tiere sind sehr variabel gefärbt, wobei einige fast immer nur silbergraue Farbtöne zeigen, andere eher bunt sind und mit Farbtönen von Violett bis Blau, Orange und Rosa aufwarten können. Gelb wird fast nie ausgeprägt. Ein weiterer interessanter Aspekt sind die Augen der **Lavender.** Ihre Iris ist meistens grau, manchmal graublau oder graubraun. Die Pupille hingegen ist nicht wie erwartet schwarz, sondern eher sehr dunkel und erscheint je nach Lichteinfall sogar häufig bordeauxrot.

Nachdem einige Jahre kein neues anerythristisches Gen aufgetaucht ist, liegen derzeit zwei neue, mehr oder weniger anerythristische Gene vor: die sogenannte **Kastanie** und ein von Rich Zuchowski entdecktes und aus einer Linie von Key-Kornnattern stammendes Gen, das derzeit noch keinen festen Namen hat. Diese als **Anerythristic C**, **Anerythristic Z**, **Ashy** oder **Cinder** bezeichneten Tiere sehen beim Schlupf anerythristisch aus, entwickeln aber mit der Zeit bordeauxrote Farbtöne auf einem eher silbernen Untergrund. Einige dieser Tiere zeigen eine auffällig hohe Anzahl an Sattelflecken und erinnern dadurch an *P. emoryi*. Es gibt einige kritische Stimmen, die anzweifeln, dass es sich bei diesem Gen oder dieser Linie um artreine Kornnattern handelt. Bis zu einer Klärung sind diese Tiere mit Vorsicht zu beurteilen.

Diese junge **Lavender** hat bereits ihre schokobraunen Farbtöne verloren und zeigt stattdessen ein deutliches Violett.

Im adulten Stadium ist ein helles Silbergrau die dominierende Farbe der **Lavender**. Wie nahezu alle **Lavender** weist auch dieses Tier keinerlei Gelb auf.

Kastanie

Einen eigenen Abschnitt verdient ein neues, erstmals in Deutschland aufgetretenes Gen mit dem Namen **Kastanie** (engl.: Chestnut). Erstmals aufmerksam auf dieses Gen wurde Michael SCHAUB, der in als **Bubble Gum Snow** angebotenen Tieren (in Wirklichkeit eine Verbindung von **Kastanie** und **Amelanistic**) mehr sah als eine klassische, farbenfrohe **Snow**-Kornnatter. Diese Tiere entstanden bei Hans-Otto SALINSKI, der 1997 ein Pärchen Kornnattern als Anschauungsobjekte für die Schüler seiner Biologieklasse erwarb. Aus deren Verpaarungen erhielt er ab 2001 immer wieder scheinbar anerythristische, amelanistische und **Snow** Tiere. Ihre starke Ähnlichkeit mit der klassischen **Anerythristic** und – in ihrer amelanistischen Form – mit der **Snow** ist jedoch nur von kurzer Dauer und verliert sich bereits nach ungefähr 2-3 Häutungen. Danach beginnen die **Kastanien** mit der Bildung gelber und roter Farbtöne, was ihre Klassifizierung als anerythristische Variante infrage stellt. Adult zeigen die Tiere durch ihr sich intensivierendes Rot und Gelb ein ganz besonderes Rotbraun, weshalb sich dieses Gen wohl eher als hypoerythristisch, also vermindert (hypo-) Rot (Erythricin) ausbildend, klassifizieren lässt. Je älter **Kastanien** werden, umso größer wird ihre Ähnlichkeit mit wildfarbenen Kornnattern. Die Ausbildung des roten Farbstoffs scheint sich in diesem Fall zu verstärken. Die bisher bekannten ältesten Tiere lassen sich jedoch trotzdem noch von ihren wildfarbenen Artgenossen unterscheiden. In den letzten Jahren fanden einige Testverpaarungen statt, die den rezessiven Charakter dieses Gens und seine Unabhängigkeit gegenüber bereits bekannten Farbmutationen bestätigen konnten (SCHAUB, schriftliche Mitteilung).

Die bereits von Anfang an vorhandene Kombination von **Kastanie** mit **Amelanistic** bezeichnet man als **Mandarin**.

Die Kopffärbung der juvenilen **Kastanie** liegt nahe an der einer wildfarbenen Kornnatter, weist jedoch eine charakteristische Tendenz ins Orange auf.

Diese junge **Kastanie** hat bereits sehr viel Gelb und Orange entwickelt und erinnert fast an eine **Caramel**.

Adulte **Kastanien** können wie hier sehr orangefarben, aber auch mehr rot und damit fast wildfarben wirken.

Hypomelanismus

Hypomelanismus, also die verminderte (hypo-) Bildung des schwarzen Farbstoffes Melanin, bezeichnet einen weiteren Komplex von genetischen Kornnattervarianten, welcher, derzeit weitestgehend nachgewiesen, aus sechs verschiedenen, unabhängigen Genen besteht (PRITZEL 2006).

Neben den nachfolgend ausführlicher erläuterten Genen gibt es eine Reihe weiterer hypomelanistischer Gene, deren genetischer Status und deren Zusammenhang mit allen anderen hypomelanistischen Genen derzeit untersucht wird. Erste Ergebnisse deuten darauf hin, dass es sich sowohl bei der **Christmas** als auch bei der **Dilute** um eigenständige Gene handelt. Die **Dream Hypo** und die **Strawberry Hypo** scheinen andere Namen für bereits bekannte Mutationen zu sein. Der Status der **Pumpkin** und der **Sunset Hypo** ist unklar. Da sie in Europa derzeit kaum oder gar nicht verfügbar sind, ihre Namen aber trotzdem gern genutzt werden, um normale **Hypos** durch falsche Deklaration aufzuwerten, ist bei Tieren mit all diesen Bezeichnungen hinsichtlich ihrer Zugehörigkeit zu einer Farbvariante besondere Vorsicht geboten.

Diese junge **Christmas** ist äußerlich nur schwer von einer **Hypomelanistic** zu unterscheiden.

Hypomelanistic

Mitte der 1980er Jahre wurde erstmals ein hypomelanistisches Gen bei der Kornnatter entdeckt und gezielt in die Zucht mit einbezogen. Dieses noch heute als **Hypomelanistic**, **Hypomelanistic A** oder kurz **Hypo** bezeichnete Gen hat durch seine das Schwarz reduzierende Wirkung nicht nur schmalere, häufig mehr dunkelgraue Sattelfleckumrandungen zur Folge, sondern bewirkt zudem eine Aufhellung aller Farben. Dies ruft bei vielen Varianten eine noch intensivere Farbwirkung hervor. Häufig wirken **Hypos** durch den fehlenden Melaninanteil in ihrer Gesamtheit sauberer als vergleichbare wildfarbene Tiere. Die Iris und die Pupille der Tiere bleiben weitestgehend unverändert und können in Einzelfällen als minimal heller gegenüber den Augen wildfarbener Tiere wahrgenommen werden. Für viele Farbzüchter stellt die **Hypomelanistic** eine Alternative zum **Amelanistic**-Allel dar, vor allem, wenn die roten Augen der amelanistischen Tiere als weniger ansprechend empfunden werden. Wie sich hypomelanistische und nicht hypomelanistische Tiere gut unterscheiden lassen, ist eine bei der Kornnatterfarbzucht immer wiederkehrende Frage, die sich anhand des Aussehens der Tiere meist nur schwer beantworten lässt.

Am besten ist diese Unterscheidung direkt nach dem Schlupf möglich, da hypomelanistische Tiere merklich heller schlüpfen als nicht hypomelanistische Tiere. Ihre Farben sind häufig bereits aufgehellt statt dunkel, ihre Sattelfleckumrandungen weniger präsent. Im Verlauf ihrer Entwicklung wird diese Unterscheidung durch die hohe Variabilität der Kornnatter sehr schwierig. Kann man hypomelanistische von nicht hypomelanistischen Tieren aus demselben Gelege und derselben Abstammung zum Teil noch gut voneinander unterscheiden, ist dies bei Tieren unterschiedlicher Herkunft kaum möglich. Eine **Hypomelanistic** aus einer dunklen, farbenfrohen Linie kann durchaus dunkler sein und mehr Schwarz zeigen als ein nicht hypomelanistisches Tier aus einer hellen Linie mit schmalen Sattelfleckumrandungen. Dem Anfänger sei an dieser Stelle also von Vergleichen mithilfe von Fotos abgeraten. Im Zweifelsfall sollten solche Tiere nicht als **Hypos** verkauft oder Testverpaarungen mit genetisch gesicherten **Hypos** angestrebt werden.

Eine adulte **Hypomelanistic**. Man beachte die kaum vorhandenen Sattelfleckumrandungen und die eher ins Orange tendierenden Sattelflecke.

Diese juvenile **Sunkissed** zeigt deutlich die veränderte Kopfzeichnung und die eigenartig „durchsichtige" Wirkung der dunklen Umrandungen.

Sunkissed
Anfang der 1990er Jahre tauchten in **Okeetee**-Linien von Bill und Kathy LOVE hypomelanistische Tiere auf, die durch eine verminderte Bildung von Schwarz sowie eine veränderte und auffällige Kopfzeichnung hervorstachen (LOVE & LOVE 2000). Testverpaarungen gegen das bekannte **Hypomelanistic**-Gen zeigten eine genetische Unabhängigkeit. Dieses heute mehrheitlich als **Sunkissed**, jedoch auch unter **Hypomelanistic Typ B** oder **Hypo-Okeetee** bekannte Gen hat die interessante Eigenschaft, teilweise auch im spalterbigen Vorkommen die Zeichnung der Tiere und im Speziellen ihre Kopfzeichnung beeinflussen zu können. Die Farben der Tiere wirken sehr leuchtend, häufig gelblicher mit grauen, manchmal gar leicht transparent wirkenden Sattelfleckumrandungen. Ihre Kopfzeichnung ist zumeist stark aufgelöst und erinnert an ein Batik-Muster.
Das bereits beschriebene Stargazer-Symptom (siehe „Krankheiten und Verletzungen") scheint seinen Ursprung in der originalen **Sunkissed**-Linie zu haben. Tiere dieser Variante sollten hierauf also besonders kontrolliert werden.

Lava
Das **Lava**-Gen reicht in seiner Geschichte weit zurück, wurde aber erst ab dem Jahre 2004 wirklich in der Kornnattergemeinde bekannt. Joe PIERCE erwarb bereits 1992 Wildfänge, in deren Blutlinie dann später das neue hypomelanistische Gen auftrat, das PIERCE selbst lange unter dem Namen **Transparent** führte. Nachdem vor allem im Internet (www.cornsnakes.com) mehrere Bilder der Tiere publik wurden, stellte PIERCE mehreren Züchtern **Lava**-Tiere zur Verfügung, um das Gen gegen die anderen bekannten hypomelanistischen Gene zu testen. Die Resultate waren eindeutig, sie wiesen die Unabhängigkeit von **Lava** gegenüber allen bereits bekannten Genen nach. Die Tiere selbst zeigen wenig Schwarz, ihre Sattelfleckumrandungen wirken dunkelgrau mit einem Schimmer, der sie leicht transparent wirken lässt. Der Untergrund ist meist sehr kräftig und reicht von Orange bis Rot. Die Sattelflecke sind meist tiefrot. Zu beachten ist hier, dass die meisten **Lavas** aus einer **Okeetee**-Linie stammen, was ihre intensiven Farben erklären könnte. Die Pupille der Tiere ist dunkel, die Iris wirkt bereits mehr dunkelrot als schwarz.

Ultra und Ultramel

Derzeit stehen eine genetische Farbvariante und die spezielle Eigenschaft dieses hypomelanistischen Gens besonders im Mittelpunkt vieler Zuchtprojekte und bei Käufern hoch im Kurs. Die Rede ist von der **Ultra**. Aufsehen erregt diese Farbvariante nicht durch ihr Äußeres. Dieses ähnelt sehr stark dem der **Hypomelanistic**, sodass **Ultras** anhand ihres Aussehens kaum von diesen zu unterscheiden sind. Viel interessanter ist die Eigenschaft der **Ultra**, sich einen Genplatz (Locus) mit dem **Amelanistic**-Allel zu teilen – die beiden Varianten sind allelisch. Testverpaarungen bestätigten, dass sich **Ultra** und **Amelanistic** kodominant zueinander verhalten. Das bedeutet in der Praxis, dass es optisch neben reinen **Ultras** und reinen **Amelanistics** einen dritten Phänotyp gibt, der einer Mischung der beiden Varianten entspricht. Diese so genannte **Ultramel** ähnelt sehr der **Amelanistic**, wobei sie leicht gräuliche und sehr transparent wirkende Sattelfleckumrandungen aufweist. Ihre Augen sind im gesamten Erscheinen dunkelrot und liegen ebenfalls zwischen denen einer **Amelanistic** und einer **Ultra**.

Die Kodominanz ist besonders für die Zucht in Kombination mit anderen Varianten interessant, da **Ultramels** schon in der F1-Generation aus **Ultra** und **Amelanistic** erzeugt werden können und ein bei rezessiven Genen unsichtbares Vorhandensein spalterbiger Gene durch das ebenfalls vorhandene **Amelanistic**-Allel sichtbar gemacht werden kann.

Die **Ultra** hat jedoch ein Problem – die Originallinie enthielt Kornnatter-Erdnatter-Hybriden. Unklar ist heute, ob das **Ultra**-Allel von der Erdnatter oder von der Kornnatter stammt. Der Originalzüchter ist sich sicher, dass es sich um ein Kornnattergen handelt. Es sprechen aber auch einige Anzeichen für eine Herkunft von der Erdnatter. Wer definitiv nur mit Kornnattergenen arbeiten will, sollte folglich besonders vorsichtig sein. Derzeit werden Testverpaarungen mit Erdnattern angestrebt, mit denen eine Herkunft der Gene von der Erdnatter belegt werden könnte. Eine endgültige Klärung scheint jedoch schwierig.

Das Porträt dieser **Ultramel** zeigt deutlich, dass ihre Iris kaum noch dunkle Farbpigmente aufweist. Ihre Pupille ist jedoch deutlich dunkler als die von amelanistischen Tieren.

Diese **Ultramel** ist zusätzlich reinerbig für das **Motley**-Gen. Ihre Farben erinnern sehr stark an eine **Amelanistic**, ihre Augen hingegen an die der **Hypomelanistic**.

Diese Nahaufnahme der **Ultramel Motley** zeigt, dass sich an ihrem Körper quasi keine schwarzen Pigmente mehr finden lassen.

Motley & Striped
Neben den bisher behandelten Varianten, welche die Ausbildung der Farbe beeinflussen, gibt es eine Reihe von Mutationen, welche die Zeichnung der Kornnatter beeinflussen. Die auffälligsten sind dabei die **Motley** und vor allem die **Striped**. Interessanterweise handelt es sich bei diesen beiden Genen ebenfalls um Allele, das heißt, sie teilen sich einen Locus. Im Normalfall tritt **Motley** dominant gegenüber **Striped** auf, das heißt, ein Tier, das sowohl ein **Motley**- wie ein **Striped**-Allel trägt, ist optisch nicht von einer reinerbigen **Motley** zu unterscheiden.

Die Gemeinsamkeit beider Gene besteht in dem Fehlen der Bauchzeichnung. Das für die Kornnatter typische Schachbrettmuster ist vollständig verschwunden, wobei sich die Bauchseite trotzdem – ähnlich der Untergrundfarbe des Tieres – vom Schwanz her relativ gleichmäßig einfärben kann. Charakteristisch ist eine Art Trennlinie, die zwischen Bauchseite und Seitenzeichnung entsteht (siehe Abbildung Seite 75 unten).

Bei der klassischen **Motley** verschmelzen die Sattelflecke miteinander, sodass eine große, breite Linie entsteht, in der die ehemaligen Zwischenräume der Sattelflecke teilweise große Punkte auf dem Rücken bilden. Die Seitenzeichnung, die ansonsten meist aus vertikalen Flecken besteht, zeigt sich mehr horizontal ausgerichtet, wobei auch hier einige Punkte verschmelzen können und kurze Linien bilden. **Motley** beeinflusst ebenfalls die Kopfzeichnung und löst diese teilweise auf. **Motley** wie auch **Striped** scheinen zudem eine Art hypomelanistische Wirkung auf die Farben zu haben, da **Motleys** und **Stripeds** im Vergleich zu normal gezeichneten Tieren meistens heller wirken und leuchtendere Farben aufweisen können. Die klassische **Striped**, oftmals auch **4-Line Striped** genannt, scheint genetisch eng mit der **Motley** verwandt zu sein. Obwohl es teilweise ungewöhnliche Ergebnisse bei Verpaarungen gibt, in denen **Motley** und **Striped** beteiligt sind, sollte man **Striped** als eigenes Gen betrachten. Die **Striped** trat erstmals in England in einer **Okeetee**-Linie in Erscheinung. Sie weist zwei klare Streifen auf dem Rücken und eine zu zwei weiteren Streifen verschmolzene Seitenzeichnung auf. **Striped** beeinflusst ebenfalls die Kopfzeichnung, wobei die Verbindung von Kopf- und Rückenzeichnung anders erscheint als bei der klassischen **Motley**.

Die veränderte Rücken- und Seitenzeichnung ist bei dieser **Motley** besonders ausgeprägt. Typisch hingegen sind die kaum vorhandenen Sattelfleckumrandungen.

Diese adulte **Striped** zeigt, dass die Streifen die rote Sattelfleckfarbe aufweisen und das Schwarz der Umrandungen kaum sichtbar ist.

Diffused (Bloodred)

Die Farbvariante **Bloodred** nimmt innerhalb der genetischen Farbvarianten der Kornnatter eine Sonderstellung ein. Die Geschichte der **Bloodred** geht auf den Züchter Ed LEACH zurück, der in den 1970ern und 1980ern eine Linie besonders intensiv und einheitlich rot gefärbter Tiere herauszüchtete, die auf Wildfängen aus dem Nordosten Floridas basierte (LOVE & LOVE 2005). Einigen dieser Tiere fehlte die gesamte Zeichnung auf der Bauchseite, wobei gerade sie durch ein besonders einheitliches Rot, eine stark aufgelöste Zeichnung, ein häufiges Fehlen der Kopfzeichnung sowie eine verminderte Bildung von Schwarz hervorstachen. Heute weiß man, dass sich in die zeitgleich durchgeführte Auswahlzucht auf eine rote Farbe und das Verwaschen der Zeichnung ein rezessives, oftmals kodominant erscheinendes Gen eingeschlichen hat, welches die Seitenzeichnung teilweise auflöst und die Ausprägung der Zeichnung auf der Bauchseite verhindert. Derzeit gibt es Bestrebungen, das als **Diffused** bezeichnete Gen gedanklich etwas von der **Bloodred** zu trennen (PRITZEL 2006). Eine **Bloodred** muss demnach das **Diffused**-Gen tragen und möglichst einfarbig Rot sein. Das **Diffused**-Gen selbst ruft während der Entwicklung der Tiere einen drastischen Wandel im Phänotyp hervor. Die Jungtiere schlüpfen eher normal gefärbt, zeigen jedoch häufig graue, zeichnungslose Köpfe, eine leicht bis stark aufgelöste Seitenzeichnung sowie einen weißen, zeichnungslosen Bauch. Je nach Grad der Auswahlzucht, die beim späteren Aussehen der Tiere eine große Rolle spielt, färben sich die Tiere im Laufe von bis zu fünf Jahren um. Der Kopf und der Körper zeigen eine einheitliche Farbe, wobei die Zeichnung fast verschwindet. Am Bauch dringt die Untergrundfarbe langsam seitlich in die weiße Bauchfarbe ein und erzeugt ein als Creeping bezeichnetes Aussehen.

Die tatsächliche Wirkung des **Diffused**-Gens ist jedoch sehr variabel und lässt sich durch Auswahlzucht intensivieren. Aus diesem Grund werden die **Bloodred** und das **Diffused**-Gen im Teil „Auswahlzucht“ nochmals aufgegriffen.

Kopfporträt einer **Bloodred** mit stark aufgelöster Kopfzeichnung

Diese **Diffused** (**Bloodred**) zeigt deutlich die bereits aufgelöste Seitenzeichnung. Ihre Kopfzeichnung ist jedoch unverändert.

Ein Vergleich der Bauchseiten: Normal (oben), **Motley** oder **Striped** mit glattem Rand (Mitte) und **Bloodred** mit dem typischen Creeping Red (unten).

Pied-Sided Bloodred
Für Aufsehen sorgten im Jahre 2005 von Don SODERBERG veröffentlichte Bilder von **Bloodreds**, die an den Seiten genetisch reproduzierbare, pigmentlose und demzufolge schneeweiße Flecke aufweisen. Dieses Fehlen von Pigmenten bezeichnet man in der Farbzucht von Reptilien meist mit dem Begriff **Piebald**, der nichts anderes ist als ein Leuzismus, der auf bestimmte Bereiche des Körpers beschränkt ist. Diese in einer Züchtergemeinschaft gezogenen Tiere sind seither unter der Bezeichnung **Pied-Sided Bloodred** bekannt und begehrt. Das besondere Aufsehen erregten die Tiere, da bei der Kornnatter bisher kein genetisch reproduzierbares **Piebald**-Gen bekannt war. Die ehemals von Tim RAINWATER gezüchteten **Calicos** stellten sich als genetisch vererbbare Hautkrankheit heraus, durch die die Pigmentbildung in der Haut gestört wurde. Genau umgekehrt gibt es – meistens als **Ruby Freckled** bezeichnet – **Snows** oder **Amelanistics**, welche über den Körper verteilt plötzlich eigentlich unterdrückte schwarze und rote Farbpigmente zeigen. Keines dieser Tiere konnte diese Eigenschaft bisher vererben. Eventuell sind auch äußere Einflüsse während der Inkubation für diese Varianten verantwortlich. Die **Pied-Sided Bloodreds** sind in Bezug auf ihren Anteil an pigmentlosen Bereichen sehr variabel. Einige Tiere zeigen lediglich einen schmalen, reinweißen Rand an der Grenze von der Bauchseite zur Körperseite. Andere Tiere haben über große Teile fast komplett pigmentlose Seiten und zeigen demzufolge einen eindrucksvollen Kontrast zwischen dem tiefen Rot und den reinweißen Bereichen. Allgemein lässt sich feststellen, dass **Bloodreds**, die das **Pied-Sided**-Gen zeigen, meist eine besonders aufgelöste Zeichnung und ein auffälliges Rot zeigen. Ob es sich bei dem **Pied-Sided**-Gen um ein eigenständiges, vom **Diffused**- unabhängiges Gen handelt und ob es rezessiv oder kodominant auftritt, ist derzeit noch nicht abschließend geklärt. Auch ist unklar, ob es sich überhaupt um ein einzelnes Gen handelt, da diese Eigenschaft bisher nur in Verbindung mit dem **Diffused**-Gen auftrat. Brad MCDONALD züchtet unter der Bezeichnung „**Pied-Blotched**“ eine Linie optisch sehr ähnlicher Tiere. Deren pigmentlose Flecke scheinen sich schwerer auf die nächste Generation zu vererben. Interessanterweise schlüpften aus einer Verpaarung von **Pied-Sided** mit **Pied-Blotched** keine Nachkommen mit pigmentlosen Stellen – die Varianten scheinen inkompatibel zu sein (SODERBERG, schriftliche Mitteilung).

Pied-Sided Bloodreds behalten pigmentlose und damit schneeweiße Bereiche an ihren Flanken sowie ihrer Bauchseite.

Diese Aufnahme der Variante **Pied-Sided Bloodred** zeigt deutlich, dass sich die pigmentlosen Bereiche auch über den Bauch erstrecken.

Genetische Kombinationen

Die riesige Farben- und Mustervielfalt der Kornnatter basiert zum Großteil auf den bereits vorgestellten, unabhängigen und zumeist rezessiven Genen. Gemäß der im Abschnitt zur Genetik vorgestellten dritten Mendelschen Regel lassen sich unabhängige Gene beliebig kombinieren, wodurch sich immer wieder neue genetische Farb- und Musterkombinationen herauszüchten lassen. Theoretisch lassen sich mit den bisher gesicherten Varianten mehr als 4.000 verschiedene Genotypen kombinieren, von denen sich ein Großteil auch anhand ihres Aussehens unterscheiden würde. Da an dieser Stelle sogar die Vielzahl der vorhandenen Auswahlzuchten außer Acht gelassen wurde, scheint es nur klar, dass eine vollständige Auflistung aller Varianten kaum möglich ist. Eine Zusammenstellung aller bisher gezüchteten Varianten wäre zum Zeitpunkt ihrer Veröffentlichung bereits wieder veraltet, da jedes Jahr neue Varianten kombiniert oder herausgezüchtet werden. Hinzu kommt die Entdeckung neuer Gene, die die Anzahl der kombinierbaren Farb- und Zeichnungsvarianten potenzieren.

Dieser Abschnitt soll daher vor allem einen Einblick in die Systematik bei der Kombination von Genen geben, um insbesondere die Vielzahl von Trivialnamen, die die Züchter ihren neuen Kombinationen nur allzu gerne geben, besser verstehen und überschauen zu können. Generell lässt sich feststellen, dass sich bei fast allen Arten eine Klassifikation der genetischen Kombinationen anhand der unterdrückten Farben finden lässt. So sind Kombinationen aus Amelanismus und Anerythrismus bei Reptilien meist weiße oder helle Tiere und weisen entsprechende Trivialnamen wie **Snow**

Caramel Motley

auf. Andere Varianten entstehen bei Kombinationen von Anerythrismus und Hypomelanismus und erzeugen schemenhaft gezeichnete, graue Tiere, die man bei fast jeder Art unter der Bezeichnung **Ghost** finden kann.
In diesem Abschnitt soll eine Beschränkung auf die derzeit bekanntesten und beliebtesten sowie auf einige der spektakulären Varianten erfolgen.

Kombinationen mit Amelanistic

Betrachtet man die bisher entdeckten Gene der Kornnatter, so findet sich nur eine Variante, die **Amelanistic**, bei der die Bildung von Schwarz ausbleibt. Es gibt jedoch mindestens fünf Varianten, die die Bildung von Rot mehr oder weniger verhindern. Da die Kornnatter in ihrem Wildtyp die Pigmente Rot, Schwarz und Gelb ausbilden kann, scheint eine Kombination des amelanistischen Gens mit einer der anerythristischen Varianten besonders interessant, da man hierbei nahezu weiße Tiere mit einem Rest von Gelb erwarten kann. Bemerkenswert bei den Kombinationen mit Amelanismus ist die starke Ähnlichkeit der Farbvarianten mit dem Phänotyp der verwendeten anerythristischen Gene. Es scheint, als würde durch das **Amelanistic**-Allel wirklich nur das Rot eliminiert werden, ohne mit dem anerythristischen Gen in Wechselwirkung zu treten. Bei den später vorgestellten Kombinationen mit **Hypomelanistic** wird dies nicht immer gegeben sein.

Snow

Die bekannteste Vertreterin der Klasse von amelanistischen und anerythristischen Kombinationen ist die **Snow**-Kornnatter. Mitte der 1970er Jahre gelang Glen Slemmer erstmals die gezielte Zucht dieser Kombination von zwei rezessiven Genen, in diesem Falle **Anerythristic** und **Amelanistic**, bei einer Schlange (Love & Love 2005). Dabei verpaarte er eine **Amelanistic** mit einer **Anerythristic** und erhielt wildfarbene Nachkommen, die spalterbig sowohl für **Anerythristic** wie für **Amelanistic** waren. Wie bereits erläutert, liegt die Chance für ein zweifach homozygotes Tier, also die angestrebte **Snow**, bei der Verpaarung zweifach heterozygoter Tiere bei nur einem Sechzehntel. Die **Snow** schlüpft meist reinweiß, mit leicht sichtbaren Sattelflecken. Im Lauf ihrer Entwicklung kommt zumeist, wie auch bei der **Anerythristic**, ein Gelbanteil an den Flanken zum Vorschein, der von Individuum zu Individuum unterschiedlich ist. Die roten Augen der Tiere sind dabei besonders auffällig, da sie einen starken Kontrast zu den ansonsten vorherrschenden Weiß- und Gelbtönen bilden.

Manche **Snow**-Jungtiere haben eine deutlich auffälligere Zeichnung als Adulti. Die noch sichtbaren Sattelflecke verblassen im Alter meist sehr stark.

Diese adulte **Snow**-Kornnatter zeigt Reste von Gelb, wodurch ihre Sattelflecke immer noch erkennbar bleiben.

Blizzard

Die **Blizzard** ist die einzige bekannte Farbvariante, von der es optisch auch im adulten Stadium komplett reinweiße Exemplare gibt. **Blizzard** ist eine Kombination von **Charcoal** und **Amelanistic**. Wie bereits bei der **Charcoal** erläutert, gibt es Tiere, denen scheinbar nicht nur der rote Farbstoff, sondern ebenso auch der gelbe Farbstoff fehlt. Stellt man sich nun vor, dass auch noch das Schwarz durch das **Amelanistic**-Allel eliminiert wird, so scheint es kaum verwunderlich, dass sich diese ganz besonderen Tiere aus dieser Kombination herauszüchten lassen. Interessanterweise gibt es jedoch auch **Blizzards**, die genau wie manche **Charcoals** Anteile von Gelb aufweisen. Skurriler noch sind die vereinzelt auftretenden **Blizzards**, die schmale, fast leuchtend gelbe oder grünliche Sattelfleckumrandungen besitzen. Auch Tiere mit grünlicher oder gelblicher Bauchzeichnung bei ansonsten reinweißer Färbung sind bereits bekannt. Einige europäische **Blizzard**-Linien haben Probleme mit schwachen, teilweise deformierten Jungtieren, was möglicherweise auf einen hohen Grad an Inzucht zurückzuführen ist. Es empfiehlt sich daher, bei dieser Variante besonders auf kräftige Jungtiere zu achten und nach Möglichkeit blutsfremde Tiere zu erwerben.

Bei dieser jungen **Blizzard** sind die Sattelflecke noch schemenhaft erkennbar. Im Alter verschwinden diese jedoch meist vollständig.

Butter

Auch **Caramel** lässt sich mit **Amelanistic** kombinieren. Dass **Butter** nicht erst durch die gezielte Zucht entstand, sondern zeitgleich mit den ersten **Caramel** zum Vorschein kam, ist eher ein Zufall und ist durch das Einkreuzen des originalen **Caramel**-Weibchens in eine Linie, in der **Amelanistic** bereits vorhanden war, begründet. **Butter** unterscheidet sich stark von den restlichen Kombinationen von anerythristischen Varianten mit Amelanismus, da bei ihr nicht das Weiß die vorherrschende Farbe darstellt, sondern sie sich in leuchtenden Tönen von Zitronengelb bis hin zu Ocker präsentiert. Lediglich nach dem Schlupf ähnelt **Butter**, auch durch ihren Grad an Weiß, den anderen Kombinationen. Man findet je nach Linie sowohl **Butter**, die einen eher weißen Untergrund und zitronengelbe Sattelflecke haben, als auch Tiere mit einem gelben Untergrund und dunklen, ockerfarbenen Sattelflecken. Teilweise finden sich auf dem Markt leider auch sehr gelbe **Amelanistic**-Jungtiere oder sogar **Creamsicle** (*Emoryi-Guttatus*-Hybriden) unter der Bezeichnung **Butter** wieder.

Diese **Butter** ist vom eher dunklen Typ mit hellem Ocker in den Sattelflecken auf gelbem Hintergrund. Auch helle Typen mit gelben Sattelflecken auf weißem Grund sind bekannt.

Opal

Die auf der Kombination von **Lavender** und **Amelanistic** basierende **Opal** zeigt sich besonders variabel. Sie reicht von teilweise fast reinweißen, ursprünglich als **Pearl** bekannten Tieren bis hin zu bunten Exemplaren, die auf hellem Grund viele Nuancen von Blau, Violett und Orange zeigen können. Eine Begründung ihrer großen Variabilität könnte die entsprechende Grundfarbe der Tiere liefern. So sind **Lavender** aus **Okeetee**-Linien meistens farbenfroher als Tiere, die beispielsweise aus **Miami**-Linien stammen. In Europa ist beim Kauf von **Opal** Vorsicht geboten, da es vereinzelt abweichende Definitionen der Variante gibt. So bezeichnet Kreutz (2005) farbenfrohe **Snow Motleys** unter Beschreibung eines „opalisierenden Effekts" ebenfalls als **Opal**. Obwohl diese **Snow Motleys** optisch sehr an eine **Opal** erinnern, ist die Mehrheit der Kornnatterzüchter der Ansicht, dass es sich bei **Opal** um die Kombination der Gene **Amelanistic** und **Lavender** handelt (vgl. Köhler & Berg 2005, Love & Love 2005, Pritzel 2006).

Adulte **Opal** verlieren viel von ihrer Farbenvielfalt, die dieses Jungtier auf dem Foto noch sehr ausgeprägt zeigt.

Mandarin

Auch bei **Mandarin**, einer Kombination von **Kastanie** und **Amelanistic**, wurde diese Kombination zeitgleich mit dem anerythristischen Gen zufällig herausgezüchtet und sorgte in diesem Falle sogar erst dafür, dass **Kastanie** als neues Gen entdeckt wurde. **Mandarins** schlüpfen ebenso wie die **Kastanien**-Jungtiere ohne ein Vorhandensein des roten Farbstoffes und sehen einer **Snow** zum Verwechseln ähnlich. Bereits nach den ersten Häutungen sind erste Töne von leuchtendem Orange sichtbar, die sich während der Entwicklung weiter ausbreiten. In ihrem juvenilen Stadium und in ihren ersten Jahren des adulten Stadiums zeigt die **Mandarin** extrem leuchtende Orangetöne, die sowohl den Untergrund als auch die Sattelflecke einschließen und einen geringen Kontrast zur Folge haben. Mit zunehmendem Alter sind die Tiere einer **Amelanistic** ähnlicher als einer **Snow**, wobei auch ihr leuchtendes Orange verblasst. Ein weiteres interessantes Merkmal ist der Bauch der **Mandarin**, der ein rötliches Schachbrettmuster auf grünlichem Untergrund aufweist.

Orangefarbene Sattelfecke auf orangefarbenem Hintergrund – so präsentiert sich die **Mandarin**. Einzig die weißen Reste der Sattelfleckumrandungen schaffen einen Kontrast.

Kombinationen mit Hypomelanistic
Die Gruppe der Kombinationen von einem anerythristischen mit einem hypomelanistischen Gen ergibt bereits durch jeweils mindestens fünf unabhängige Gene eine Zahl von 25 verschiedenen möglichen Varianten. Hier sollen die vier bekanntesten Varianten, die auf einer Kombination der anerythristischen Gene mit **Hypomelanistic** beruhen, näher erläutert werden. Andere Kombinationen mit **Ultra**, **Sunkissed** oder **Lava** sind ebenfalls bereits herausgezüchtet worden, sind aber derzeit noch als selten anzusehen.

Ein interessanter Aspekt dieser Varianten ist, dass durch die verschiedenen hypomelanistischen Gene auch die Wirkung der anerythristischen Gene beeinflusst werden kann. So können z.B. wieder Rottöne reaktiviert werden oder völlig neue Farbnuancen zum Vorschein kommen. Trivialnamen, die in diesem Zusammenhang eine Erwähnung finden sollten, gibt es für Kombinationen von **Lava** mit den anerythristischen Varianten **Charcoal** (**Diamond**), **Anerythristic** (**Ice Ghost**) und **Caramel** (**Topaz**) sowie für die Kombination von **Ultramel** mit **Caramel** (**Golddust**).

Vergleich von **Anerythristic** (oben) und der auch **Ghost** genannten **Hypomelanistic Anerythristic** (unten). Beide Tiere tragen zusätzlich das **Motley**-Gen.

Die Kombination von **Lava** und **Anerythristic**, auch **Ice Ghost** genannt, wirkt leicht bläulich und entwickelt mit zunehmendem Alter der Tiere ausgeprägt gelbe Flanken.

Golddust ist die Kombination von **Ultramel** und **Caramel** und liegt farblich gesehen genau zwischen **Amber** und **Butter**.

Ghost

Die bekannteste Vertreterin der Kombinationen mit **Hypomelanistic** ist die **Ghost**. Bill und Kathy LOVE waren die ersten Züchter, denen es gelang, **Anerythristic** und **Hypomelanistic** in einem Tier zu kombinieren. Die Jungtiere der **Ghost** sind nach dem Schlupf wesentlich heller als normale **Anerythristics** und zeigen, hervorgerufen durch die verminderte Bildung von Schwarz, graue statt schwarze Sattelflecke. Während ihrer Entwicklung wandelt sich die graue Farbe der Jungtiere meist zu Brauntönen, wobei ihr Untergrund meist noch mehr Gelb entwickelt als der einer vergleichbaren **Anerythristic**. **Ghosts** unterliegen in ihrem Aussehen einer relativ großen Schwankung. Während einige Tiere sogar rotbraune bis orangefarbene Sattelflecke auf gelblichem Untergrund zeigen können, bleiben andere Tiere bei silbergrauen Farbtönen, sowohl im Untergrund wie bei den Sattelflecken. Im adulten Stadium ist die Entscheidung, ob es sich um **Anerythristic** oder **Ghost** handelt, ob ein Individuum also eine **Hypomelanistic** ist oder nicht, häufig besonders schwer. Vor allem Tiere, die viele bräunliche Farbtöne aufweisen, lassen sich optisch meist nicht mehr sicher klassifizieren.

Diese **Ghost** wirkt sehr hell und zeigt fast pastellfarbene, helle Braun- und Grautöne. Auffällig ist der besonders geringe Gelbanteil dieses Tieres.

Phantom

Die Ähnlichkeit bei der Namensgebung von **Snow** und **Blizzard** wurde auch für die Kombination von **Charcoal** mit **Hypomelanistic** übernommen. Man kennt diese ehemals auch **Platinum** genannte Variante heute als **Phantom**. Bei dem Versuch, den meist nochmals erhöhten Gelbanteil im Untergrund der **Ghosts** zu umgehen, kamen die Züchter bald auf die Idee, anstatt auf das **Anerythristic**-Gen auf das **Charcoal**-Gen zurückzugreifen. **Phantoms** überzeugen vor allem durch die Eigenschaft vieler Linien, auch im adulten Stadium nicht in Brauntöne umzufärben, sondern die silbergrauen Farbtöne ihrer Jugend beizubehalten. Ihre hellgraue Grundfärbung und ihre silberfarbenen, zumeist nur dünn umrandeten Sattelflecke machen viele dieser Tiere zu wahren Blickfängen. Allerdings gibt es auch Tiere, die sehr wohl Brauntöne entwickeln. Sie stammen meistens aus sehr dunklen **Charcoal**-Linien. Eine besondere Eigenschaft der Phantom ist es, dass es hier im Vergleich zu normalen **Charcoals** vermehrt Tiere gibt, die hinter dem Kopf und an den Flanken Gelb entwickeln.

Diese juvenile **Phantom** hat sich bereits fast vollständig von den leichten Brauntönen der Jungtiere zum hellen Silbergrau der Adulti umgefärbt.

Amber

Die **Amber** ist eines der Paradebeispiele für die farbintensivierende Wirkung, die sich durch die verminderte Bildung von Schwarz ergeben kann. Die Kombination von **Caramel** mit **Hypomelanistic** besticht hierbei durch besonders intensiv gelb, ocker und teilweise sogar olivgrün anmutende Farbtöne. Obwohl sie weniger Kontrast aufweist als die normale **Caramel**, scheint sie die optimale Farbvariante für Fans von intensiven Gelbtönen, ohne dass man dabei auf amelanistische Tiere mit demzufolge roten Augen zurückgreifen muss.

In diesem Zusammenhang sei auch noch die derzeit gefragte **Golddust**, eine Verbindung von **Ultramel** und **Caramel**, genannt. Bei dieser Kombination wird noch weniger Schwarz ausgebildet, was zu noch helleren Farbtönen führt. Die Tiere ähneln mehr einer **Butter** als einer **Caramel**, wobei ihre Augen nur stark aufgehellt und nicht pigmentlos sind, weshalb sie dunkelrot erscheinen. Derzeit sind auch erste Kombinationen von **Caramel** mit **Sunkissed** geglückt. Da die **Sunkissed** von sich aus bereits zu gelblichen Farbtönen tendiert, präsentieren sich diese Tiere nochmals deutlich farbintensiver als die klassische **Amber**.

Juvenile **Amber** zeigen Sattelflecke in dunklem Ocker auf grauem Hintergrund. Später werden sich die Sattelflecke aufhellen, der Hintergrund wird sich gelb einfärben.

Hypo Lavender

Die Kombination von **Hypomelanistic** und **Lavender** ist eine sehr gefragte Variante. Obwohl eine sehr farbenfrohe Linie dieser Variante als **Cotton Candy** bekannt wurde, hat sich bisher noch kein Trivialname dieser Kombination wirklich durchgesetzt. Demzufolge hat sich der Name **Hypo Lavender** mehr oder weniger fest eingebürgert. Die **Hypo Lavender** ist eine der wenigen, wenn nicht gar die einzige Variante, bei der man die Geschlechter nach dem Schlupf mit nahezu 100%-iger Sicherheit anhand ihres Aussehens trennen kann. Während die Weibchen mehr hellen **Lavendern** ähneln, sind die Männchen signifikant heller gefärbt und zeigen mehr rosafarbene Töne als die bräunlicher oder silberner anmutenden Weibchen. Weitere Besonderheiten vieler **Hypo Lavender** sind die Ausbildung von orangefarbenen Punkten zwischen den vorderen Sattelflecken und die häufig vorhandenen intensiveren Orange- und Rosatöne. Leider verlieren viele **Hypo Lavender** ihre Farbenpracht im Alter und gleichen dann eher einer hellen **Lavender**.

Die **Hypo Lavender** ist durch ihre leuchtenden Farben in der Kombination mit Orange besonders auffällig.

Nicht wirklich zeichnungslos, dafür aber in besonders ansprechendem Rot präsentiert sich diese **Amelanistic Bloodred**.

Diese juvenile **Hypomelanistic Bloodred** kann noch mehr von ihrer Restzeichnung verlieren und hat bereits jetzt ein beeindruckendes Rot entwickelt.

Kombinationen mit Mustermutationen

Nachdem der Grundgedanke der Kombination verschiedener Gruppen von Farbmutationen an dem Beispiel von anerythristischen Varianten mit **Amelanistic** und hypomelanistischen Varianten erläutert wurde, soll nun eine Auswahl der wichtigsten Varianten beschrieben werden, bei denen teilweise zwei, drei oder sogar mehr Gene miteinander kombiniert werden. Dieser Abschnitt erhebt in keinem Fall den Anspruch, vollständig zu sein, da sich theoretisch jegliche Kombination von Farbmutationen noch mit den vorgestellten Mustermutationen verbinden lässt, wodurch sich die bereits erwähnte riesige Anzahl an genetischen Farbvarianten ergibt.

Begonnen werden soll mit den derzeit äußerst beliebten Kombinationen der verschiedenen Farbvarianten mit **Bloodred**. Nachdem die Züchter in den 1990er Jahren das Potential des **Diffused**-Gens der **Bloodred** entdeckten, begann man, auch dieses mit den verschiedenen Farbvarianten zu kombinieren. Da damals **Amelanistic** und **Hypomelanistic** unter den Züchtern bereits weit verbreitet waren, wurden diese auch zuerst mit **Bloodred** kombiniert. Die Kombination mit **Hypomelanistic** besitzt keinen speziellen Trivialnamen und wird meist schlicht **Hypo Bloodred** genannt. Die Kombination mit der **Amelanistic** findet sich oftmals unter der Bezeichnung **Fire** wieder. Diese Varianten zielen vor allem darauf ab, die dunklen Reste in der Zeichnung der **Bloodred** zu eliminieren und so ein noch uniformeres Rot zu erhalten. Dies gelingt bei der **Hypo Bloodred** teilweise sehr gut. Manche dieser Tiere erzielen fast das berühmte Aussehen der alten **Bloodred**-Linien, wobei ihr Rot natürlich insgesamt etwas heller erscheint. Bei der **Amelanistic Bloodred** scheint das Auflösen der Zeichnung schwieriger zu sein. Sie behalten zumeist mehr Zeichnung zurück als normale **Bloodreds**, haben aber aufgrund ihrer intensiven Rottöne in Kombination mit den roten Augen eine ganz besondere Wirkung. Vereinzelt finden sich zwar auch hier einfarbig rote Exemplare, der Großteil der Tiere ähnelt jedoch mehr einer sehr intensiv gefärbten **Sunglow**.

Die Kombinationen von anerythristischen Varianten mit **Bloodred** sind besonders interessant, da sich diese Gene meist sehr gut durch **Diffused** beeinflussen lassen. Allen voran ist hierbei die **Lavender Bloodred**, die mitunter auch als **Plasma** bezeichnet wird, zu nennen. Diese Tiere verlieren viel von ihrer Zeichnung, wobei die schönsten Exemplare fast einfarbig bläulich oder violett erscheinen. Im Alter tendieren sie ebenso wie die **Lavender** zu einem hellen Grau.

Die Kombination von **Charcoal** mit **Bloodred** ist besser unter dem Namen **Pewter** bekannt. Das Ziel dieser Variante sind einfarbige, dunkelsilbergraue Tiere, wobei es wie bei der **Charcoal** auch Exemplare gibt, die ins Bräunliche tendieren. Die schönsten Vertreter unter ihnen machen hinsichtlich ihrer Farbe ihrem Namensgeber, dem Metall Zinn, alle Ehre.

Bei der auch als **Pepper** bekannten Kombination von **Anerythristic** mit **Bloodred** gibt es interessanterweise zwei Typen, die sich in ihrem Aussehen stark voneinander unterscheiden: Der erste Typ verliert viel von der ursprünglichen Zeichnung und entwickelt Töne von Rosa, Hellbraun und Ocker. Im anderen Fall bleiben die Tiere fast schwarz, wobei nur ihre Seitenzeichnung verschwindet, die Rückenzeichnung jedoch fast unverändert bleibt.

Fast einfarbig hellgrau mit leichten Nuancen von Blau ist dieses juvenile **Lavender Bloodred**-Männchen.

Ein dunkles Metallgrau zeichnet dieses fast zeichnungslose **Pewter**-Männchen aus. Leider wirken, wie hier, **Pewter** bei der Verwendung von Blitzlicht oft eher braun.

Dieses adulte **Anerythristic Bloodred**-Männchen ist ein ausgesprochen schöner Vertreter des helleren Typs. Mit stark aufgelöster Zeichnung und seinem Farbenspiel ist es ein echter Blickfang.

Eine erstmals bei Daniel BOHLE geglückte Kombination ist die auch **Sulfur** genannte **Butter Bloodred**. Ziel dieser Variante ist eine einfarbig gelbe Kornnatter, wobei sich das enthaltene **Caramel**-Gen scheinbar nicht so stark durch **Diffused** beeinflussen lässt wie die anderen anerythristischen Varianten. Um zu den angestrebten einfarbig gelben Kornnattern zu gelangen, ist demzufolge hier noch ein weiteres Intensivieren der Zeichnungslosigkeit durch Auswahlzucht notwendig. Ebenfalls erhältlich sind **Caramel Bloodreds**, die im Gegensatz zu **Caramel** weniger Kontrast und starke Ocker- und gar Olivtöne zeigen. Da auch diese Variante kaum das Ziel der Zeichnungslosigkeit erreichen konnte, wird sie von manchen Züchtern scherzhaft „Cow Plop“ (dt.: „Kuhfladen“) genannt. Die **Amber Bloodred** liegt farblich zwischen **Sulfur** und **Caramel Bloodred**, wodurch sie die farblich interessanteste der drei Varianten darstellt. Ihr Gelb wirkt intensiver und dunkler als das der **Sulfur**, ohne die noch stärker vorhandenen Kontraste der **Caramel Bloodred** aufzuweisen.

Diese **Sulfur** lässt sich nur anhand ihrer leicht veränderten Seitenzeichnung als solche erkennen. Für diese Variante ist eine weitere Auswahlzucht notwendig.

Die **Caramel Bloodred** ist nicht zeichnungslos, zeigt aber im Vergleich zur **Caramel** weniger Kontrast und sogar Olivtöne.

Ebenfalls einer weiteren Auswahlzucht bedarf diese **Amber Bloodred**. Für viele Züchter ist sie jedoch die interessanteste Kombination unter Beteiligung von **Caramel** und **Bloodred**.

Für die Kombinationen der Farbmutationen mit den Mustermutationen **Motley** oder **Striped** wurden kaum Trivialnamen vergeben. Da sich an die meisten Varianten problemlos noch **Motley** oder **Striped** anhängen lässt, haben sich diese Bezeichnungen meist einfach erhalten. Das Aussehen dieser Kombinationen lässt sich stark verallgemeinern: In Kombination mit den beiden Varianten genießen alle Farbformen eine Art hypomelanistischen Effekt, der die dunklen Farbanteile reduziert und die Farben dadurch leuchtender erscheinen lässt. So ähnelt beispielsweise eine **Hypomelanistic Motley** von ihren Farben her mehr einer **Amelanistic** als einer **Hypomelanistic** oder eine **Anerythristic Motley** mehr einer **Ghost** als einer **Anerythristic**. In Kombination mit dem **Striped**-Allel verändert sich das Aussehen der Varianten zudem meist nochmals erheblich. All diese Varianten werden häufig noch einer Auswahlzucht unterzogen, weshalb wir sie in dem Abschnitt „Auswahlzucht" später noch einmal aufgreifen werden.

Diese **Snow Motley** zeigt einen besonders hohen Anteil an gelben und grünen Farbtönen, der auf die farbintensivierende Wirkung des **Motley**-Gens zurückzuführen ist.

Hellbraune Streifen mit einem Hauch Orange im Hintergrund zeichnen diese **Ghost Striped** aus. Im hinteren Drittel verblassen ihre Streifen jedoch deutlich.

Junge **Amelanistic Stripeds** weisen meist noch intensive Kontraste auf, die im Alter jedoch stark verblassen können.

Diese **Lavender Motley** zeigt ein auffälliges bläuliches und oranges Farbenspiel. Im adulten Stadium sind die Tiere jedoch variabler und verlieren teils viel von ihrer Farbenpracht.

Dieses Tier kombiniert die Gene **Anerythristic**, **Striped** und **Diffused**, wobei es im hinteren Bereich eher eine **Cubed**-Zeichnung aufweist.

AUSWAHLZUCHT

Die so genannten Auswahlzuchten sind die zweite große Kategorie der Farbvarianten. Ziel hierbei ist es, bestimmte Merkmale, wie beispielsweise Farben oder Muster, dadurch zu intensivieren, dass Tiere, die diese Merkmale besonders ausgeprägt zeigen, zur Weiterzucht verwendet werden. Häufig müssen hierbei über mehrere Generationen immer wieder die herausstechendsten Exemplare ausgesucht und weiter verpaart werden. Im Gegensatz zu den genetischen Farbvarianten sind diese Merkmale jedoch flüchtig, das heißt, ein Einkreuzen eines Tieres ohne diese Merkmale kann die vorherige Auswahlzucht stark abschwächen oder gar ganz verdrängen. Bei der Zucht muss also darauf geachtet werden, frisches Blut in die Linien einzubringen, ohne dabei die angestrebten Merkmale zu verlieren. Nur so kann sowohl die Gesundheit der Tiere wie auch ihre Eignung für die Auswahlzucht sichergestellt werden. Auswahlzuchten haben einen entscheidenden Nachteil gegenüber genetischen Varianten: Sie sind Auslegungssache. Entscheidend für eine Auswahlzucht ist allein das Erfüllen bestimmter optischer Kriterien und nicht das durch Testverpaarungen beweisbare Vorhandensein bestimmter Gene. Wann solch ein Kriterium erfüllt ist und wann nicht, liegt hierbei im Auge des Betrachters, wobei die Übergänge teilweise fließend verlaufen. Was für den einen eine besondere Farbvariante, ist für den anderen nur eine Variation des Altbekannten. Dieser Abschnitt soll sich darum auf die wichtigsten und anerkannten Auswahlzuchten beschränken und versuchen, deren Unterscheidungsmerkmale herauszuarbeiten. Weiterhin sollte man immer berücksichtigen, dass gerade die Auswahlzuchten häufig die einprägsamsten und werbewirksamsten Namen tragen. So werden Jungtiere, deren Entwicklung nur schwer abgeschätzt werden kann, teils aus Profitgründen, teils aus Unwissenheit mit schönen Namen belegt, die sie jedoch eigentlich nicht verdienen. Man sollte sich also bewusst sein, dass der Kauf von Tieren aus Auswahlzuchten auch immer mit dem Risiko verbunden sein kann, dass sich die angebotenen Tiere anders entwickeln, als es ihre Bezeichnung verspricht. Es empfiehlt sich daher unbedingt, die Elterntiere in Augenschein zu nehmen, um das Potential der Jungtiere abschätzen zu können.

Diese junge **Locality Okeetee** hat bereits ausgeprägte dunkelrote Sattelflecke auf orangefarbenem Hintergrund – kombiniert mit breiten Rändern.

Von Wildfängen aus dem Okeetee Hunt Club stammt dieses Tier ab. Auffällig sind ihr dunkles Rot in den Sattelflecken und im Hintergrund sowie ihre breiten Ränder.

Okeetee

Eine der bekanntesten Auswahlzuchten basiert auf dem natürlichen Vorkommen des **Okeetee**-Typs von *P. guttatus*. Ihre Geschichte beginnt mit der Beschreibung eines etwa 10 Quadratmeilen großen Areals auf dem Gebiet des „Okeetee Hunt Clubs“ in KAUFFELDS Buch „Snakes and Snake Hunting“ (KAUFFELD 1957). Dieser erwähnt hier das Vorhandensein besonders schöner, herausstechend gefärbter Kornnattern, die daraufhin von vielen Hobbyterrarianern gesucht, gefunden und für die Terrarienhaltung eingesammelt wurden. Als besonders attraktiv empfanden die Halter solche Exemplare, die besonders tiefrote Sattelflecke mit kräftigen schwarzen Umrandungen auf orangefarbenem Grund aufwiesen. Die Auswahl der schönsten Tiere, die bereits beim Einsammeln begann, setzte sich also in den Terrarien der Züchter fort.

Schon bald entbrannte eine Diskussion um die Frage, ob **Okeetee** nun eigentlich ein spezielles Aussehen oder aber die Herkunft der Tiere bezeichnet. Anfangs bezeichnete man Tiere, deren Nachkommen im Gebiet des Hunt Clubs gefangen wurden, als **Okeetee**. Tiere, die nur auf dieses Aussehen hin gezüchtet wurden, bezeichnete man als **Okeetee-Phase**. Heute bezeichnet man Tiere, die dem beschriebenen Aussehen entsprechen, unabhängig von ihrer Herkunft als **Okeetee**. Besonders gefragt ist derzeit die von Lee ABBOTT aufgebaute **Okeetee**-Linie mit extrem breiten Rändern, die auch als **Abotts Okeetee** angeboten werden. Züchter, die nur Tiere vom Gebiet des Hunt Clubs für ihre Linien nutzten, geben ihren Tieren häufig noch das Attribut **locality**, das dem deutschen „mit Herkunft“ entspricht, um deren besondere Herkunft kenntlich zu machen.

Leider ist es in Deutschland üblich, alle etwas mehr Orange aufweisenden Jungtiere als **Okeetee** zu deklarieren. Vor allem bei Jungtieren sollte man auf möglichst dunkle, kräftig umrandete Sattelflecke achten, da diese meist auch im Alter tiefrot und kräftig umrandet bleiben. Im Zweifelsfalle sollte man sich immer die Eltern der Jungtiere ansehen, was seriöse Züchter meistens gerne ermöglichen.

Miami

Eine ähnliche Geschichte wie die **Okeetee** weist auch die heute als **Miami** bekannte Farbvariante auf. Auch sie baute einst auf Tieren aus dem südlichen und westlichen Umfeld der Metropole Miami auf und bezeichnet heute Tiere, die leuchtend rote, klar abgegrenzte Sattelflecke auf einem silbernen Untergrund aufweisen, der möglichst frei von jeglichen gelben Farbtönen sein sollte. Da sich das Gelb sehr spät entwickelt, sind Jungtiere besonders schwer einzuschätzen. Gelbe Punkte zwischen den ersten Sattelflecken sind ein Indiz dafür, dass die Tiere später noch mehr Gelb entwickeln werden, weshalb eine **Miami** diese Flecke kaum oder nur minimal aufweisen sollte. Auch von der **Miami** gibt es verschiedene Linien mit verschiedenen Schwerpunkten: Es gibt Tiere mit rein silbernem Untergrund und roten Sattelflecken, mehr orangefarbenen Sattelflecken oder Tiere mit leichtem Gelbanteil und vergrößerten Sattelflecken, die man auch als **Milksnake-Phase** bezeichnet, da sie der Dreiecksnatter (*Lampropeltis triangulum*) ähneln.

Typisch für eine **Miami** sind die roten Sattelflecke auf silbergrauem Untergrund. Dieser besonderen Linie namens „**Greyhead**" fehlt zudem ein Großteil der Kopfzeichnung.

Rosacea
Eine Sonderstellung innerhalb der hier vorgestellten Varianten nimmt die auch Key-Kornnatter genannte ehemalige Unterart *P. g. rosacea* ein. Sie gilt heute nur noch als Lokalvariante der Kornnatter. Ähnlich den Exemplaren des Hunt Clubs gibt es auch auf den Keys besonders schöne Exemplare, deren Aussehen in Zukunft mit Sicherheit durch eine Auswahlzucht weiter verfeinert werden kann. Die Key-Kornnatter an sich unterscheidet sich in ihrem Typ doch recht deutlich von der Kornnatter. Schon die Jungtiere sind meist viel kleiner als die normaler Kornnattern. Viele dieser Jungtiere lassen sich nur sehr schwer an Mäuse gewöhnen. Auch die adulten Exemplare der Key-Kornnatter erscheinen zierlicher als normale Kornnattern. Die Farben der **Rosaceas** entsprechen ziemlich genau den Farben einer hypomelanistischen Kornnatter. Eine weitere Besonderheit ist das meist vollständige Fehlen der Bauchzeichnung. Die Farbe des Bauches hingegen ist Orange, Gelb oder Lachsfarben. Die **Rosacea** erfreut sich großer Beliebtheit bei Kornnatterhaltern und Farbzüchtern. Dies beruht sowohl auf dem besonderen Aussehen dieser Farbvariante in ihrer Naturform selbst, als auch auf der Tatsache, dass sie genutzt werden kann, um bestehende Farbvarianten zu beeinflussen. In den letzten Jahren zeigten sich bisher wenig verstandene Verbindungen der **Rosacea** zur **Bloodred**. Zum einen wird berichtet, dass sich vereinzelt **Bloodred**-Tiere unter den **Rosaceas** finden lassen sollen. Die ursprünglich im Norden von Florida gefundenen originalen **Bloodred** scheinen zu weit entfernt für eine natürliche Durchmischung mit den Key-Kornnattern. Ein Aussetzen durch Terrarianer kann jedoch nicht ausgeschlossen werden. Zum anderen schlüpften bei einem US-amerikanischen Züchter bei der Verpaarung zweier F1-Geschwistertiere von **Rosacea**-Wildfängen plötzlich **Bloodred** Kornnattern, die mit den klassischen **Bloodreds** kompatibel sind. Don SODERBERG züchtete diese so genannten **Rosy Bloods** weiter und etablierte sie so als Farbvariante.

Diese junge **Rosacea** von der Insel Big Pine fällt besonders durch ihre veränderte Zeichnung auf.

Von der Insel Marathon stammt dieses **Rosacea**-Jungtier. Betrachtet man lediglich die Farbe der Sattelflecke und des Hintergrundes, sieht sie einer **Hypomelanistic** zum Verwechseln ähnlich.

Bloodred

Die **Bloodred** ist eine Auswahlzucht, die lange unbemerkt ein rezessives Gen in sich trug, das heute als charakteristisch für diese Variante gilt. Wie sich zeigte, geht hier die Auswahlzucht in Bezug auf das Verwaschen der Zeichnung mit dem **Diffused**-Gen Hand in Hand. So finden sich beispielsweise Tiere, die das **Diffused**-Gen tragen, aber bis auf die veränderte Bauch- und eine leicht beeinflusste Seitenzeichnung kaum von einer wildfarbenen Kornnatter zu unterscheiden sind. Andere Tiere verlieren fast ihre komplette Zeichnung und werden einfarbig rot. Faszinierend ist hierbei, dass das Ausmaß der Verwaschung nicht unbedingt mit dem Zuchtziel der **Bloodred**, also mit dem tiefen Rot, einhergeht. So gibt es beispielsweise Linien von nahezu zeichnungslosen **Pewtern** (**Charcoal Bloodred**), die verpaart mit normalen **Bloodreds** zwar sehr zeichnungslose, aber nicht tiefrote Nachkommen erzeugen. Das tiefe Rot ist neben der Zeichnungslosigkeit das primäre Zuchtziel der **Bloodred**. Die endgültige Umfärbung in das einheitliche Rot kann jedoch bis zum vierten oder sogar fünften Lebensjahr auf sich warten lassen. Die exzessive Inzucht, die bis zum Anfang der 1990er Jahre betrieben wurde und erstaunliche Exemplare hervorbrachte, bezahlte die **Bloodred** mit dem Ruf schwacher, schlecht fressender und kleinbleibender Tiere mit Fortpflanzungsproblemen. Nachdem man diese Problematik erkannte, sind heute fast alle **Bloodred**-Linien durch Auskreuzen wieder gesund, zeigen jedoch nicht das tiefe Rot früherer Linien. Ebenfalls ein Produkt der Auswahlzucht ist der zeichnungslose Kopf vieler **Bloodreds**. Obwohl dieses Merkmal für **Bloodreds** charakteristisch ist, sind auch erstklassige Exemplare bekannt, die es vermissen lassen.

Die von einigen Züchtern vorgeschlagene Unterscheidung von **Diffused**-Tieren, also Tieren, die das **Diffused**-Gen tragen und damit auf die Genetik reduziert werden können, und **Bloodred**-Tieren, die zusätzlich das Zuchtziel der Zeichnungslosigkeit verwirklichen (PRITZEL 2006), konnte sich bisher noch nicht durchsetzen. Der Name **Bloodred** scheint in diesem Falle zu bekannt und werbewirksam zu sein, als dass sich diese sinnvolle Unterscheidung durchsetzen könnte. Aus diesem Grund hält sich auch dieser Farbvariantenteil an die gängigen Bezeichnungen und unterscheidet nicht zwischen **Diffused** und **Bloodred**.

Die Auswahlzucht macht den Unterschied – diese adulte **Bloodred** weist noch viel Zeichnung und ein fleckiges Rot auf.

Diese adulte **Bloodred** überzeugt trotz ihrer dunklen dorsalen Zeichnungsreste durch ihr tiefes Rot und ihre aufgelöste Seitenzeichnung.

Eine ganze Reihe von Auswahlzuchten bauen auf dem Vorhandensein des **Amelanistic**-Gens auf. Durch die lange Verfügbarkeit dieses Gens konnten viele Auswahlzuchten kreiert und deren Zuchtlinien gefestigt werden. Eine relativ häufig auftretende Farbform ist die **Sunglow**, deren einzige Bedingung das Fehlen von Weiß bei adulten **Amelanistics** ist. Während fast alle **Amelanistics** als Jungtiere Weiß zeigen, verschwindet es bei diesen Tieren im adulten Stadium völlig und färbt sich in einen einheitlich gelben oder orangefarbenen Untergrund um. Bei allen **Amelanistics** gibt es für Jungtiere eine einfache Faustregel, was die Farbe Weiß betrifft: Ist es richtiges Weiß, so wird es Gelb, ist es durchsichtig, so wird es Weiß. Dies ist vor allem wichtig, wenn es um die nächste bekannte Auswahlzucht geht – die **Reverse Okeetee**. Ziel dieser Variante ist es, das Aussehen der **Okeetee** zu kopieren, wobei deren kräftig schwarzen Sattelflecke in der amelanistischen Variante weiß sein sollen. **Reverse Okeetee**-Jungtiere sollten also breite, durchsichtig erscheinende Sattelfleckumrandungen haben, da diese auch im Alter erhalten bleiben. Sind die Sattelfleckumrandungen leuchtend weiß, werden sie zum Großteil verschwinden. Eine Abwandlung dieser Variante wird von Don SODERBERG gezüchtet und nennt sich **High White**. Diese Tiere sehen aus wie **Reverse Okeetee**, wobei der Untergrund nicht leuchtend orange, sondern möglichst reinweiß erscheinen soll. Demzufolge bleibt neben einem weißen Untergrund und breiten weißen Rändern ein eindrucksvoller Kontrast zu den tiefroten Sattelflecken übrig. Die letzte sehr bekannte **Amelanistic**-Auswahlzucht ist die **Candy Cane**. Sie verkörpert die amelanistische Form der **Miami**, da sie im optimalen Fall einen reinweißen Untergrund und leuchtend rote oder orangefarbene Sattelflecke aufweisen sollte. Diese Tiere sind ebenso wie **Miamis** von der Problematik des sich spät entwickelnden Gelbs betroffen, weshalb man beim Kauf von **Candy Canes** besonders vorsichtig sein sollte.

Mit zunehmendem Alter werden weiße Bereiche meist gelb oder orange, während sich durchsichtige in strahlendes Weiß umfärben.

Ganz und gar ohne Weiß, dafür mit intensivem Orange und Rot – dies sind die notwendigen Eigenschaften einer **Sunglow**, die dieses adulte Tier aufweist.

Die **Reverse Okeetee** wirkt wie eine **Okeetee**, bei der das Schwarz der breiten Umrandungen durch Weiß ersetzt wurde.

Eine besondere Kategorie von Auswahlzuchten sind Farbvarianten, die auf der Linie eines speziellen Züchters aufbauen und die sich dadurch besonders auszeichnen. Bereits genannte Vertreter dieser Linienzuchten sind die **Abbotts Okeetee** von Lee ABOTT, die **High White** von Don SODERBERG und die **Milksnake-Phase** von Rich ZUCHOWSKI. Neben ihrem besonderen Aussehen ist es bei diesen Varianten also erforderlich, dass die Tiere selbst aus der Zucht der Liniengründer kommen oder direkte Nachfahren aus ihr sind. So sieht die so genannte **Flourescent Orange** von Rich ZUCHOWSKI, deren Top-Exemplare sich durch eine extreme Orangefärbung auszeichnen, einer **Reverse Okeetee** zwar meistens zum Verwechseln ähnlich, verdient sich aber durch ihre spezielle Herkunft ihren Namen. Andersherum wird eine **Reverse Okeetee**, auch wenn ihr Aussehen entsprechend ist, nie zu einer **Fluorescent Orange**.

Die einzige wirklich bekannte anerythristische Auswahlzucht ist die von Rich ZUCHOWSKI gezogene **Silverqueen Ghost**. Bei ihr handelt es sich genetisch um **Ghosts**, die auf einer speziellen Linie von **Miami-**Tieren basieren und wenig bis kein Gelb, stark ausgewaschene Sattelflecke sowie eine stark reduzierte Bauchzeichnung aufweisen. Genau wie bei der **Flourescent Orange** wird der Name **Silverqueen** gerne benutzt, um normale **Ghosts** mit einem ansprechenden Verkaufsnamen zu versehen. Dem interessierten Käufer suggeriert dies natürlich eine spezielle Herkunft der Tiere, die derzeit in den allermeisten Fällen leider nicht gegeben ist.

Bekanntheit erlangten einige **Anerythristic** und **Ghosts**, die – teils in Verbindung mit **Motley** – wieder verstärkt rote Farbtöne zeigen. Man gibt diesen Varianten dann das Attribut **Pastel**, da dies die gedeckten Rosa-, Rot- und Ockertöne sehr gut beschreibt. Teilweise werden in Europa auch normale **Ghost Motleys** als **Pastel** angeboten, weshalb man hier darauf achten sollte, welche Definition von **Pastel** der jeweilige Anbieter zugrunde legt.

Silverqueen Ghost

Der starke Kontrast zwischen roten Sattelflecken und weißem Untergrund macht die **Candy Cane** zum Hingucker.

Die **High White** ähnelt grundsätzlich der **Candy Cane**, wobei hier ein Großteil des weißen Anteils durch besonders breite Sattelflecke erzielt werden soll.

Auch Linienzuchten unterliegen Schwankungen. So zeigt diese **Abbotts Okeetee** nicht die begehrten breiten Ränder, die man bei den schönsten Exemplaren dieser Linie findet.

Fast ohne Gelb mit den typischen ausgewaschenen Sattelflecken zeigt sich diese **Silverqueen** aus der Zucht von Rich ZUCHOWSKI.

Eine Reihe von Auswahlzuchten gibt es auch auf der Basis der **Snow**. Dies sind vor allem Varianten, bei denen die Bildung von Rosa- und Rottönen wieder aktiviert oder intensiviert werden soll. Hierfür ist insbesondere die **Strawberry Snow** bekannt geworden. Trägt ein solches Tier zusätzlich das **Hypomelanistic**-Gen, so spricht man von einer **Coral Snow**. Auch die Aktivierung grüner Farbtöne ist möglich. Hierbei unterscheidet man Tiere, die Grün und Rot ausbilden, so genannte **Pink & Green Snows**, und Tiere, deren Sattelflecke komplett grün oder gelbgrün eingefärbt sind. Diese bezeichnet man als **Green**- oder **Yellow Blotched Snow**. Ebenfalls häufig zu finden ist die Bezeichnung **Bubblegum Snow**, bei der es sich meistens um bunte **Snows** handelt, die man bei näherer Betrachtung auch anhand der oben genannten Varianten klassifizieren könnte. Allgemein scheint sich **Bubblegum** mehr zu einer Sammelbezeichnung für buntere **Snow** zu entwickeln als einem ganz speziellen Aussehen zuzuordnen zu sein.

Mit ihren auffällig gelb gefärbten Sattelflecken wirkt diese **Yellow Blotched Snow** fast schon wie eine **Butter**.

Das Grün dieser ausgesprochen intensiv gefärbten **Green Blotched Snow** lässt sich auf Fotos nur sehr schwer wiedergeben.

Sowohl rosa wie grünliche Farbtöne zeigt diese junge **Bubblegum Snow**. Diese Färbung kann sich je nach Individuum im Alter noch intensivieren, aber auch wieder abflauen.

Diese hochträchtige **Lavender** zeigt ein typisches, schön geformtes **ZigZag**-Muster. Durch die vorhandenen Unterbrechungen ist es jedoch eher von mittlerer Qualität.

Bei dieser juvenilen **Aztec** sind deutlich Teile mit völlig aufgebrochenem Muster und Teile mit fast normalem Muster zu sehen.

Eine Vielzahl von Auswahlzuchten gibt es im Bereich der Mustermutationen. Die bekanntesten Varianten, die nicht auf einem einzelnen Gen beruhen, sind **ZigZag** und **Aztec**. Die auch **Zipper** genannte **ZigZag** wurde erstmals gezielt von Bill und Kathy LOVE herausgezüchtet. In ihrer **Charcoal**-Linie tauchten immer wieder Tiere auf, deren Sattelflecke zum Teil verschmolzen und seitlich zueinander verschoben waren. Dadurch entsteht eine Art breites Zick-Zack-Band, das je nach Zeichnung des Tieres über den kompletten Rücken oder nur über Teile des Tieres verläuft. Je mehr die Flecke verschmolzen sind, umso mehr verliert sich die Zick-Zack-Zeichnung, und es kann der Eindruck eines breiteren, geraden Bandes entstehen.

Die zweite Variante, die **Aztec**, entstammt einer **Lavender**-Linie und wurde von Rich ZUCHOWSKI weiterentwickelt. Hierbei wird die Zeichnung zu einem unvorhersehbaren Muster aufgebrochen, das teilweise an die regelmäßigen Linienmuster der Azteken erinnern soll. Sowohl **Aztec** wie auch **ZigZag** sind teilweise erblich, wobei sie sich nicht wie ein einzelnes Gen verhalten. Auch entstehen aus Verpaarungen zwischen **ZigZag** und **Aztec** häufig Nachkommen, die beide Formen ausprägen, was auf eine Verwandtschaft der beiden Formen schließen lassen kann. Ebenso sind Tiere bekannt, die selbst kaum eine **Aztec**- oder eine **ZigZag**-Zeichnung aufweisen, deren Nachkommen jedoch vollständig entsprechend **Aztec** oder **ZigZag** gezeichnet sind. Dies gilt auch umgekehrt, sodass selbst zwei extreme Vertreter ihrer Variante kein Garant für entsprechend extreme Nachkommen sind. Die Erfahrung zeigt aber, dass sich dadurch die Chancen auf die gewünschten Nachkommen stark erhöhen lassen.

Eine in den letzten Jahren häufiger zu sehende Erscheinung sind **Aztec**, die wahrscheinlich durch zu warme Inkubation entstehen. Wie dies auch von verschiedenen Riesenschlangen bekannt ist, kann die Rückenzeichnung bei falscher Inkubation verschmelzen. Die Tiere zeigen zumeist eine ansonsten vollkommen normale Bauch- und Seitenzeichnung und weisen teilweise noch einzelne Sprenkel auf. Im Gegensatz zu **ZigZags** und **Aztecs** können sie diese Eigenschaften nicht vererben.

Bei manchen Tieren verschmelzen die Sattelflecke teilweise mit der Seitenzeichnung, wodurch ein großes Querband entsteht. Das Zuchtziel der **Banded** ist es, dies für jeden

Sattelfleck zu erreichen, wodurch eine Kornnatter entsteht, die eine komplette Querbänderung aufweist. Einzelne Verschmelzungen sind dagegen häufig und reichen nicht, um ein Tier als **Banded** zu klassifizieren.

Das Merkmal der Bänderung wurde bereits auf viele Farbvarianten übertragen, die häufig durch die veränderte Färbung einen ganz besonderen Charme erlangen. Schwierig scheint es, die **Banded**-Variante mit dem **Motley**-Allel zu kombinieren. Erste eindrucksvolle Tiere entstammen der Zucht von Don SODERBERG, dessen **Banded Motleys** einen besonders hohen Grad an Querbänderung aufweisen.

Häufig weisen **Bandeds** eine geringere Anzahl an Sattelflecken auf, die dafür jedoch in ihrer Länge vergrößert sind. Dies verstärkt den Eindruck einer Bänderung zusätzlich und schafft bei der so genannten **Milksnake-Phase** Ähnlichkeiten mit einigen Dreiecksnattern.

Diese **Amelanistic Banded Motley** zeigt schon eine sehr schöne, aber noch keine perfekte Bänderung.

Motley und **Striped** sind zwei Varianten, bei denen es eine solche Vielzahl von Auswahlzuchten und Namen für diese Formen gibt, dass es selbst für den Experten oft schwierig wird, sich im Dschungel der Bezeichnungen zurechtzufinden. Die Übergänge zwischen einigen dieser Varianten sind außerdem fließend. Eine schematische Darstellung bekannter und anerkannter Formen und deren Bezeichnung findet sich daher in der Abbildung auf der folgenden Seite.

Darüber hinaus sollen die wichtigsten Varianten und deren Trivialnamen näher erläutert werden: Bei der **Cubed**, die scheinbar näher mit dem **Striped**- als mit dem **Motley**-Allel verwandt ist, sind die Sattelflecke nicht verbunden und haben eine rechteckige Form. Sind die Sattelflecke rund statt rechteckig, bezeichnet man die Tiere häufig auch als **Sunspot**. Lösen sich die Streifen der **Striped** zumindest fast vollständig auf, so spricht man auch von einer **Patternless**. Eine weitere häufig zu findende Form ist die gestreifte Variante der **Motley**. Vereinzelt wird diese so genannte **Striped Motley** in Europa fälschlicherweise ebenfalls als **Striped** bezeichnet. Die **Striped Motley** lässt sich durch das engere Zusammenliegen der breiteren Dorsalstreifen und die häufig schmaleren und zackigeren Lateralstreifen recht gut von der normalen **Striped** unterscheiden. Eine Abwandlung der **Striped Motley**, die jedoch einen zackigen, eckigen Mittelstreifen aufweist, ist die **Rough Striped Motley**. Vor allem in Europa werden die **Circleback** und die **Hurricane** häufiger verwechselt. KREUTZ (2005) z.B. bezeichnet die **Circleback** als **Hurricane**, wobei die eigentliche **Hurricane** gar nicht beschrieben wird. Bei der **Circleback** sind die Sattelflecke so verschmolzen, dass die Zwischenräume als runde Punkte in der Untergrundfarbe auf einem breiten Streifen aus Sattelfleckfarbe übrig bleiben. Bei der **Hurricane** hingegen bilden sich, ähnlich wie auch bei der **Circleback**, die Zwischenräume zu Punkten aus, wobei die Sattelflecke stark aufgelöst sind und lediglich als breiter Ring um die Punkte erhalten bleiben (SODERBERG 2007). Um auf diese Ringform hinzuweisen, nannte Jim STELPFLUG diese Variante ursprünglich **Donut Motley** (SODERBERG, schriftl. Mitteilung). Wäre eine ideale **Anerythristic Circleback** also ein graues Tier mit einem dunklen Streifen aus Sattelflecken und hellen Punkten darin, so wäre eine **Anerythristic Hurricane** einfarbig grau und hätte dicke dunkle Ringe auf dem Rücken.

P. GUTTATUS

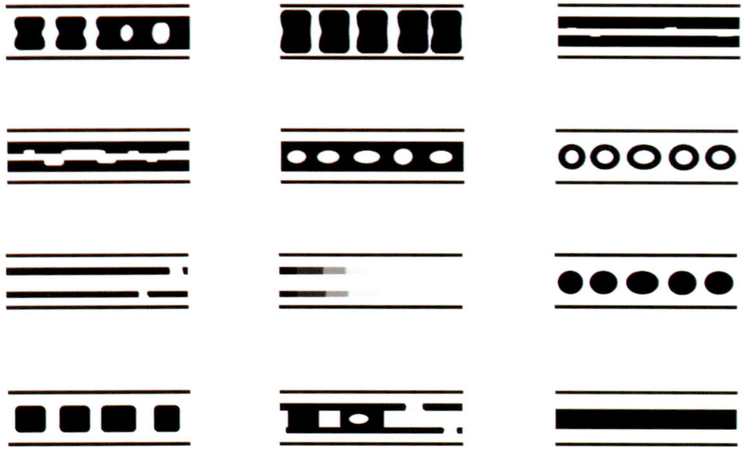

(v.l.n.r.) Basierend auf **Motley**: **Motley**, **Banded Motley**, **Striped Motley**, **Rough Striped**, **Circleback**, **Hurricane**. Basierend auf **Striped**: **Striped**, **Vanishing Striped/Patternless**, **Sunspot**, **Cubed**, **Motley Striped Mix.** Basierend auf Auswahlzucht: **Wide Striped/One Stripe**.

Die im Jugendstadium noch schemenhaft vorhandene Streifenmusterung dieser **Amelanistic Patternless** wird sich im Laufe ihrer Entwicklung noch vollständig auflösen.

Diese **Amelanistic Cubed** neigt zu abgerundeten Sattelflecken, die dann häufig als **Sunspots** bezeichnet werden.

Die eng zusammenliegenden, breiten Streifen entlarven dieses Tier als **Pastel Striped Motley**.

Bei dieser **Ghost Sunspot** entspricht die Farbe der Sattelflecke der des Hintergrundes, weshalb die Flecke eher schmalen Ringen entsprechen.

Die Zeichnung dieser **Amelanistic** erinnert zwar an **Motley**-, **Striped**-, **Aztec**- oder **ZigZag**-Varianten, entstand aber durch zu warme Inkubation und ist nicht vererbbar.

Emoryi-Guttatus-Hybriden werden als **Rootbeer** bezeichnet und verbinden meist eine *Emoryi*-Zeichnung mit rötlich-braunen Sattelflecken.

Orange ist der vorherrschende Farbton dieser auch **Creamsicle** genannten amelanistischen Variante der *Emoryi-Guttatus*-Hybriden.

HYBRIDZUCHT

Häufig werden mit der Farbzucht auch die Verpaarungen von Tieren verschiedener Arten oder gar Gattungen in Verbindung gebracht. Tatsächlich hat die reine Farbzucht aber nichts mit der so genannten Hybridzucht gemeinsam.

Das Thema Hybridzucht selbst wird sehr kontrovers diskutiert. Problematisch ist hierbei vor allem die Tatsache, dass die Unwissenheit oder die Profitgier einiger Züchter dazu führt und geführt hat, dass offensichtlich durch Hybridzucht entstandene Varianten unerfahrenen wie auch erfahrenen Käufern als reine Kornnattern verkauft wurden. Weiterhin galt beispielsweise die Präriekornnatter (*P. emoryi*) noch bis vor kurzem als Unterart der Kornnatter, weshalb sie in einige Linien eingekreuzt wurde. Prinzipiell ist bei Hybriden und bei Anzeichen für das Vorhandensein artfremden Blutes besondere Vorsicht geboten. Obwohl der Autor die Zucht von Hybriden ablehnt, soll an dieser Stelle kurz auf die wichtigsten bekannten Hybriden eingegangen und auf ihre besonderen Merkmale hingewiesen werden.

Ein Vergleich zwischen zwei Jungtieren: *Emoryi-Guttatus*-Hybrid (oben) und reine *P. g. emoryi* (unten).

Aufgrund ihres früheren Unterartstatus wurde die Präriekornnatter (*P. emoryi*) auch in Kornnatterlinien (*P. guttatus*) eingebracht. Sie diente vor allem dazu, das Gelb zu eliminieren und Auswahlzuchten wie z.B. der **Candy Cane** auf die Sprünge zu helfen. Dieses Thema wird immer noch gerne diskutiert, da es früher für viele Züchter in Ordnung war, Tiere der Unterart *P. g. emoryi* einzukreuzen. Nach heutigem Stand bringt dies jedoch Arthybriden hervor. Bei bekanntem Vorhandensein von *Emoryi*-Anteilen sollte dies darum immer gekennzeichnet werden.

Eine der bekanntesten gezielt gezüchteten *Emoryi-Guttatus*-Varianten ist die **Creamsicle**. Sie ist eine amelanistische Form mit 50 % *Guttatus*-Anteil und 50 % *Emoryi*-Anteil. Kreuzt man eine **Amelanistic** mit einer *P. emoryi*, so entstehen in der F1-Generation nur wildfarbene Tiere, so genannte **Rootbeers**. Verpaart man diese wiederum untereinander, so entstehen zu einem Viertel amelanistische Tiere, also **Creamsicles**. Nach demselben Schema kann man auch hypomelanistische *Emoryi-Guttatus*-Hybriden erzeugen, die als **Cinnamon** bekannt wurden. *Emoryi-Guttatus*-Hybriden haben oft einen geringen Rot- und einen größeren Braunanteil, eine erhöhte Sattelfleckanzahl und ein abgerundetes Schachbrettmuster auf der Bauchseite.

Auch Verpaarungen mit den nahe verwandten Erdnattern *P. obsoletus* wurden in der Vergangenheit häufig, teilweise auch unbeabsichtigt durchgeführt. Diese so genannten **Frosted** zeichnen sich durch einen erhöhten Gelbanteil an Kopf und Flanken sowie stark ausgewaschene Sattelflecke aus. Der Kopf wirkt meist länglicher. Diese Tiere werden derzeit häufig nicht eindeutig als Hybriden gekennzeichnet und verbergen sich oft hinter Verkaufsnamen, die entweder neu erfunden oder aber einfach adaptiert werden. Tritt eines der genannten Merkmale auf, so muss dies kein Zeichen für einen Erdnatter-Genanteil sein. Treten jedoch mehrere in Kombination auf, sollte man im Zweifel immer von einem Hybriden ausgehen und dessen Einbringen in reine Kornnatterlinien verhindern. In der Vergangenheit fanden sich fragwürdige Exemplare unter anderem unter den Verkaufsnamen **Ruby Eyed Ghost**, **T+ Albino** oder **Tequila Sunrise** wieder.

Dieser Arthybrid ist eine Kreuzung aus grauer Erdnatter (*P. spiloides*) und Kornnatter (*P. guttatus*).

Bei dieser **Frosted Ghost** erkennt man artfremde Anteile durch die ausgewaschenen Sattelflecke und den stark erhöhten Gelbanteil an den Flanken und auf dem Kopf.

Eine weitere geläufige Klasse von Hybriden stellen die so genannten **Jungles** dar. Hierbei handelt es sich um Gattungshybriden, bei denen die Kornnatter mit einer Königsnatter der Gattung *Lampropeltis* gekreuzt wird. In den meisten Fällen paaren sich die Vertreter dieser beiden Gattungen nicht von sich aus miteinander. Es ist daher notwendig, die Tiere dadurch zu täuschen, dass man eine Paarung mit einem Partner der gleichen Art einleitet, und diesen dann schnell durch ein Tier der anderen Art austauscht. Die so gezeugten Hybriden sind teilweise fruchtbar (fertil) und können untereinander für Nachwuchs sorgen. Meistens werden diese Hybriden jedoch zu einer Art zurückgekreuzt, was fast immer zu erfolgreichen Verpaarungen führt. Mittlerweile werden auf diese Weise Mutationen sowohl der Kornnatter wie auch der diversen Königsnattern genutzt, um in den Folgegenerationen verschiedene Farbvarianten erzielen zu können.

Glücklicherweise lassen sich **Jungles** mit einem geübten Auge relativ schnell als Hybriden erkennen. Dies gilt zumindest für die ersten Generationen. Verpaart man diese Hybriden jedoch immer nur mit einer der beiden oder sogar mit mehreren beteiligten Arten, so kann es bereits in der F2- oder F3-Generation unmöglich sein, den Hybriden von einer reinen Kornnatter zu unterscheiden. Aus diesem Grund sollte man beim Umgang mit fragwürdigen Tieren Vorsicht walten lassen und lieber die Finger von anscheinend neuen und auffälligen Farbvarianten lassen, als unbemerkt Hybriden in reine Kornnatterlinien einzukreuzen.

Charakteristisch für viele **Jungles** sind kleinere, besonders runde Sattelflecke, die sich kaum auf die Seite erstrecken und wie auf den Rücken aufgesetzt wirken. Ein weiteres charakteristisches Merkmal ist die meistens stark veränderte Kopfzeichnung der Tiere. Starke Rot-Schwarz-Weiß-Kontraste sind ebenso typisch für **Jungles** wie leuchtende Orangetöne. Kornnatter-Königsnatter-Hybriden versteckten sich in der Vergangenheit auch hinter Verkaufsnamen wie **Neon** oder **Super Corn**.

Es finden sich auch Verpaarungen mit Bullennattern (Gattung *Pituophis*), wobei sich diese so genannten **Turbos** ebenfalls sehr deutlich von reinen Kornnattern unterscheiden und derzeit noch kaum eine Rolle spielen. Das zunehmende Durcheinander der Arten in vielen Hybridzuchten macht eine Zuordnung mancher Tieren sogar unmöglich.

Durch ihre charakteristische Kopfzeichnung gibt sich diese **Jungle** als Hybrid zu erkennen – die sonstige Zeichnung ist jedoch der einer artreinen Kornnatter bereits sehr ähnlich.

Auch dieser Kornnatter-Königsnatter-Hybrid ist anhand von Zeichnung, Kopfform und Farbe leicht als solcher zu erkennen.

Eine **Jungle** (Kopf links) und eine reine **Sunkissed**-Kornnatter (Kopf rechts) zeigen, dass ein Erkennen von Hybriden teilweise sehr schwierig und selbst für Experten sogar unmöglich sein kann.

Bei dieser **Ghost** sind Anzeichen für artfremdes Blut vorhanden – definitiv kann heute aber niemand mehr sagen, welche Arten eingekreuzt wurden.

ADRESSEN & ZEITSCHRIFTEN

Herpetologische Gesellschaften und Organisationen

Bundesverband praktischer Tierärzte e.V., Hahnstraße 70, 60528 Frankfurt, Tel.: 0 69/66 98 18-0, www.tieraerzteverband.de, BPT-eV@t-online.de

Deutsche Gesellschaft für Herpetologie und Terrarienkunde (DGHT) e.V., Geschäftsstelle, Postfach 1421, 53351 Rheinbach, Tel.: 0 22 25/70 33 33, www.dght.de, gs@dght.de

DGHT Arbeitsgruppe Schlangen, Leiter: Maik Dobiey, Oberdorf 34, 53347 Alfter, Tel. 02 28/6 20 65 51, m.dobiey@uni-bonn.de

Verband deutscher Vereine für Aquarien- und Terrarienkunde (VDA), Luxemburger Straße 16, 44789 Bochum, Tel.: 02 34/38 16 50, www.vda-online.de, E-Mail: info@vda-online.de

Zentralverband Zoologischer Fachbetriebe Deutschands e.V. (ZZF), Postfach 14 20, 63204 Langen, Tel.: 0 61 03/91 07-0, www.zzf.de, info@zzf.de

Österreich

Herpetologische Terraristische Vereinigung Österreichs (HTVÖ), Postfach 60, A-1225 Wien, Tel.: 00 43-06 64/2 43 66 06, www.htvoe.net, info@htvoe.net

Österreichische Gesellschaft für Herpetologie (ÖGH), c/o Naturhistorisches Museum Wien, Burgring 7, A-1014 Wien, Tel.: 00 43-01/52 17 72 86, www.nhm-wien.ac.at/nhm/herpet/index.htm, andreas.hassl@univie.ac.at

Österreichischer Verband für Vivaristik und Ökologie (ÖVVÖ), Hans Esterbauer (Präsident), Johann-Puch-Straße 27/III/5, A-4400 Steyr, Tel.: 00 43-0 72 52/8 35 44, hans.esterbauer@aon.at

Reptilienverein Austria (RVA), Alexander Svobofa, A-4840 Vöcklabruck, www.rva.at, webmaster@rva.at

Schweiz

IUCN/SSC Amphibia/Reptilia Group, R.E. Honegger, Zoo Zürich, Zürichbergstraße 221, CH-8044 Zürich, www. zoo.ch, zoo@zoo.ch

SWISSHERP, gemeinsame Homepage verschiedener herpetologischer Organisationen in der Schweiz, Dr. Beat Akeret, Katzenruetistr. 5, CH-8153 Rumlang, Tel.: 00 41-1/8 17 02 57, www.swissherp.org, Admin@swissherp.org

Untersuchungsinstitute

Alphabiocare, Institut für Zoomorphologie, Zellbiologie und Parasitologie, c/o Prof. Dr. Mehlhorn, Universitätsstr. 1, Gebäude 26.03.00.70, 40225 Düsseldorf, Tel.: 02 11/8 11 28 53, mehlhorn@uni-duesseldorf.de

Exomed, Institut für veterinärmedizinische Betreuung niederer Wirbeltiere und Exoten, Erich-Kurz-Str. 7, 10319 Berlin, Tel.: 0 30/51 06 77 01, www.exomed.de, labor@exomed.de

GeVo Diagnostik, Gesellschaft für medizinische und biologische Untersuchungen mbH, Jakobstraße 65, 70794 Filderstadt, Tel.: 0 71 58/6 06 60, www.gevo-diagnostik.de

Laboklin, Mikrobiologisches und parasitologisches Institut, Postfach 18 10, 97668 Bad Kissingen, Tel.: 09 71/7 20 20, www.laboklin.de

Staatliches Veterinäruntersuchungsamt, Dr. Silvia Blahak, Westernfeldstr. 1, 32758 Detmold, Tel.: 0 52 31/91 16 40

Österreich

Veterinärmedizinische Universität Wien, Institut für Biochemie, Prof. Dr. Franz Schwarzenberger, Veterinärplatz 1, A-1210 Wien

Schweiz

Institut für Tierpathologie der Uni Bern, Herr Horst Posthaus, Länggas-Straße 122, CH-3012 Bern, Tel.: 00 41-3 16 31 24 00

Zeitschriften

DATZ, Die Aquarien- und Terrarienzeitschrift, Eugen Ulmer Verlag, Wollgrasweg 41, 70599 Stuttgart, Tel.: 07 11/45 07 01 06, Fax: 07 11/ 45 07 01 20, www.datz.de, info@ulmer.de

DRACO, **REPTILIA**, **TERRARIA**, Natur und Tier - Verlag, An der Kleimannbrücke 39-41, 48157 Münster, Tel.: 02 51/13 33 90, Fax: 02 51/ 1 33 39 33, www.ms-verlag.de, verlag@ms-verlag.de

elaphe, Salamandra, Mitgliederzeitschriften der DGHT, Postfach 1421, 53351 Rheinbach, Tel: 0 22 25/ 70 33 33, Fax 0 22 25/ 70 33 38, www.dght.de, gs@dght.de

HERPETOFAUNA, Herpetofauna Verlags GmbH, Postfach 1110, 71365 Weinstadt, Tel. und Fax: 0 71 51/ 60 06 77, www.herpetofauna.de, info@herpetofauna.de

SAURIA, Terrariengemeinschaft Berlin e.V., c/o B. Bruno Treu, Christstr. 10, 14059 Berlin, Tel.: 0 30/ 30 11 24 00, www.sauria.de, abo@sauria.de

Internet

www.cornsnakes.com

www.cornsnakes.net

www.cornsnakesource.com

www.cornutopia.com

www.farbvarianten.de

www.guttatus.de

www.kornnatter.de

www.kornnatterlexikon.de

GLOSSAR

Adaption: Anpassung eines Organismus an einen Umweltfaktor
adult: geschlechtsreif, erwachsen
aglyphe Zähne (Voll-Z.): Diese Zähne besitzen keine Furchen oder Kanäle, um Gift zu leiten.
Akklimatisierung: Anpassung an mehrere veränderte Umweltbedingungen
Albinismus: erblich bedingtes Fehlen der Pigmentierung
anerythristisch: Farbform bei Tieren, denen auf Grund genetischer Störungen die rote Pigmentierung fehlt
amelanistisch: Farbform bei Tieren, denen auf Grund genetischer Störungen die schwarze Pigmentierung fehlt
Antibiotikum: Stoffwechselprodukt von Mikroorganismen, das in geringer Konzentration das Wachstum von Mikroorganismen hemmt oder diese abtötet
Apathie: Teilnahmslosigkeit
Areal: Siedlungs-, Verbreitungsgebiet von Tieren einer systematischen Kategorie
arid: trocken, auf das Klima bezogen
Art: Einteilungsstufe der Systematik; Gruppe von Individuen, die in allen wesentlichen erblichen und physiologischen Merkmalen übereinstimmen und fruchtbare Nachkommen hervorbringen
axanthisch: Farbform bei Tieren, denen auf Grund genetischer Störungen die gelbe Pigmentierung fehlt
BArtSchV: Bundesartenschutzverordnung
Bastard: Nachkomme, der aus der Kreuzung unterschiedlicher Gattungen, Arten oder Unterarten entstanden ist
Bastardisierung: Entstehung von Nachkommen mit Eltern unterschiedlicher Gattung, Art oder Unterart
Biotop: Lebensraum einer Lebensgemeinschaft von Pflanzen und Tieren
Dehydratation: Mangel an Körperwasser (Entwässerung, Exsikkose)
DNA (deutsch DNS): Desoxyribonukleinsäure; Kettenmolekül, das Träger der Erbinformation der Organismen ist
dorsal: zur Rückenseite gehörig
Ektoparasit (Außenparasit): auf der Oberfläche seines Wirtes lebender Parasit
Embryo: Begriff für das Entwicklungsstadium eines Keimlings bis zur Anlage der Organe; später Fetus
Endoparasit (Innenparasit): innerhalb des Körpers lebender Parasit
Epidermis (Oberhaut): oberste Hautschicht
Evolution: in der Stammensgeschichte Entwicklung der Organismen von primitiven zu hoch organisierten Formen
Exkremente: Ausscheidungen, Kot
Extremitäten: Gliedmaßen
Familie: Einteilungsstufe der Systematik, die meist mehrere Gattungen umfasst; kann bei vielen Gattungen in Unterfamilien aufgeteilt werden
fertil: fruchtbar
Gattung: Einteilungsstufe der Systematik, die meist mehrere Arten umfasst
genetisch: erblich bedingt
Gesamtlänge: Maß für die Länge eines Tieres vom Anfang der Schnauzenspitze bis zur Schwanzspitze
Geschlechtsdimorphismus: unterschiedliches Aussehen männlicher und weiblicher Individuen

Pied-Sided Bloodred

Habitat: typischer Ort, an dem eine Art beheimatet ist
Hemipenis: Teil des paarigen Geschlechtsorgans (Penis) bei männlichen Echsen und Schlangen
Herpetofauna: Gesamtheit aller Amphibien- und Reptilienarten eines Gebiets
Herpetologie: Lehre von den Amphibien und Reptilien
Hibernation: Winterruhe
humid: feucht, auf das Klima bezogen
Hybrid: siehe Bastard
Hygrometer: Instrument zur Messung der Luftfeuchtigkeit
hyper-: (in Zusammensetzung) über, übermäßig
hypo-: (in Zusammensetzung) unter, vermindert
Inkubation: hier Bebrütung von Eiern unter kontrollierten Bedingungen
Inkubationszeit: hier Entwicklungszeit der Keimlinge von der Befruchtung bis zum Schlupf
Inkubator (Brutkasten): Behälter mit kontrollierter Temperatur und Luftfeuchtigkeit zur technischen Zeitigung von Eiern
Invertebrata: wirbellose Tiere
Inzucht: Fortpflanzung durch Paarung von Individuen, die näher verwandt sind als der Durchschnitt der Population
Iris: Regenbogenhaut des Auges
Jacobsonsches Organ: paariges Geruchssinnesorgan im Mundhöhlendach
juvenil: jugendlich, noch nicht geschlechtsreif
kannibalisch: Individuen der eigenen Art fressend
Klassifikation: Einordnung der Organismen, siehe Systematik
Kloake: gemeinsamer Endabschnitt des Darmkanals sowie der Harn- und Geschlechtsorgane
Kommentkampf: ritualisierter Kampf von Männchen, der sich gegen Artgenossen richtet und bei dem es kaum zu Verletzungen kommt
Kopulation: Begattung, Paarung
lateral: seitlich, an der Seite befindlich
Legenot: Unfähigkeit des Weibchens, innerhalb des normalen Zeitraums Eier abzusetzen, durch Erkrankung oder äußere Umstände bedingt
letal: tödlich
Leuzismus: das Fehlen aller Farbpigmente in der Haut. Meist sind die Augen nicht betroffen, wodurch diese von Rot über Blau bis Schwarz gefärbt sein können.
Lokalvariante: Tiere einer Art und einer bestimmten Herkunft, die sich durch besondere Merkmale gegenüber ihren Artgenossen auszeichnen
Mutation: spontane oder künstlich erzeugte Veränderung des Erbguts eines Organismus
melanistisch: Farbform bei Tieren, die auf Grund genetischer Störungen eine anomale Dunkel- bis Schwarzfärbung aufweisen
Nominatform: erstbeschriebene Form einer mehrere Unterarten umfassenden Art
Ökologie: Lehre von den Beziehungen der Lebewesen zur Umwelt
ovipar: Eier legend
Pigment: Farbstoff
Population: Gruppe von Individuen einer Art innerhalb eines bestimmten Gebiets, die eine Fortpflanzungsgemeinschaft bildet
poikilotherm (wechselwarm): p. Tiere haben eine von der Umgebungstem-

peratur abhängige Körpertemperatur
Prolaps: Vorfall von Organen oder Organteilen durch natürliche oder künstliche Öffnungen des Körpers
Prophylaxe: Summe krankheitsverhütender, vorbeugender Maßnahmen
Quarantäne: räumliche Trennung von Tieren bei Verdacht auf Ansteckungsgefahr
Reproduktion: Fortpflanzung, Vermehrung; im Gegensatz zur Zucht / Züchtung
Revier, Territorium: begrenztes Gebiet, das von einer bestimmten Tierart, einer Tiergruppe oder einem Einzeltier als eigenes betrachtet wird
Ritualkampf: siehe Kommentkampf
Schwanzlänge: Maß von der Kloake bis zum Schwanzende
Sekret: Absonderung aus Drüsen
semi-: (in Zusammensetzung) halb
semiadult: halb erwachsen
Squamata: Ordnung der Schuppenkriechtiere
steril: mikrobiologischer Zustand, bei dem lebende Mikroorganismen und Parasiten samt ihren Fortpflanzungsformen nicht nachzuweisen sind
Subspezies: siehe Unterart
Substrat: hier Material für den Bodengrund im Terrarium oder im Inkubationsbehälter
Systematik: Lehre von der Einordnung der Organismen nach natürlichen Verwandtschaftsverhältnissen
Taxonomie: Teilgebiet der Systematik, das sich mit der wissenschaftlichen Benennung (Nomenklatur) und der Klassifikation der Organismen befasst
temporär: zeitweise, vorübergehend
terrestrisch: auf der Erde, an Land lebend
Territorium: siehe Revier
Unterart: Einteilungsstufe der Systematik, die der Art nachgeordnet ist
UV-Licht: ultraviolettes Licht; für den Menschen unsichtbare Strahlung niedriger Wellenlänge, u. a. bei vielen Reptilienarten wichtig zur Bildung von Vitamin D3
Vermiculit: aus Glimmerschiefer gewonnenes Material. V. verrottet nicht, hält gut Feuchtigkeit und ist keimarm. In der Terraristik werden hierauf Reptilieneier inkubiert.
Vertebrata: Wirbeltiere
viviovipar (Ei lebend gebärend): Keimling entwickelt sich im mütterlichen Organismus und ernährt sich vom Eidotter. Er schlüpft kurz vor dem Absetzen oder währenddessen aus den Eihüllen.
vivipar (lebend gebärend): Keimling wird vom mütterlichen Organismus ernährt
Wildtyp: Bezeichnung eines Lebewesen, dessen Erbgut durch natürliche Evolution entstanden ist. Der Begriff wird auch für einzelne Gene verwendet.
xanthisch: Farbform bei Tieren, die auf Grund genetischer Störungen einen erhöhten Gelbanteil aufweisen
Zeitigung: siehe Inkubation
Zucht, Züchtung: gelenkte Paarung von Individuen, die auf ein bestimmtes Zuchtziel gerichtet ist und besonders der Veränderung ihrer Eigenschaften und Leistungen dient

LITERATURVERZEICHNIS

BECHTEL B. (1995): Reptile and Amphibian Variants. Krieger Publishing Comp., Malabar, FL, 224 S.

BROGHAMMER, S. (1998): Albinos. Farb- und Zeichnungsvarianten bei Schlangen und anderen Reptilien. Edition Chimaira, Frankfurt, 96 S.

Bundesministerium für Ernährung, Landwirtschaft und Forsten, Ref. Tierschutz (1997): Gutachten über Mindestanforderung an die Haltung von Reptilien. Bonn

BURBRINK, F. T. (2002): Phylogeographic analysis of the cornsnake (*Elaphe guttata*) complex as inferred from maximum likelihood and Bayesian analyses. Molecular Phylogenetics and Evolution 25 (3), S. 465-674

BURBRINK, F. & R. LAWSON (2007): How and when did Old World rat snakes disperse into the New World? Molecular Phylogenetics and Evolution 43, S. 173-189

KAUFFELD, K. (1957): Snakes and Snake Hunting. Hannover House, Garden City, NY, 266 S.

KÖHLER, G. (2004): Inkubation von Reptilieneiern. Herpeton Verlag, Offenbach, 254 S.

- & P. BERG (2005): Kornnattern. Herpeton Verlag, Offenbach, 142 S.

KREUTZ, R. (2005): Farb- und Zeichnungsstandard der Kornnatter (*Pantherophis guttatus*). Kirschner & Seufer Verlag, Karlsruhe, 158 S.

KUNZ, K. (2004): Die Kornnatter (*Pantherophis guttatus*). NTV Verlag, Münster, 62 S.

LOVE K. & B. LOVE (2000): The Corn Snake Manual. AVS, Mission Veijo, CA, 240 S.

- (2005): Corn Snakes – The Comprehensive Owner's Guide. AVS, Irvine, CA

MCEACHERN M. J. (1991): A Color Guide to Corn Snakes. AVS, Lakeside, CA, 48 S.

MÜLLER, M. (1996): Handbuch ausgewählter Klimastationen der Erde. Hrsg. Prof. Dr. Gerold Richter, Forschungsstelle Bodenerosion Mertesdorf (Ruwertal). Universität Trier, 400 S.

PRITZEL, Ch. (2006): Cornsnake Morph Guide. Eigenverlag, Mt Prospect, IL, 132 S.

REPTILE-DATABASE (2007): The New Reptile Database. URL: http://www.reptile-database.org

SCHMIDT, D. (2000): Kornnattern und Erdnattern. NTV-Verlag, Münster, 200 S.

SCHULZ, K. D. (1996): Eine Monographie der Schlangengattung *Elaphe* FITZINGER. Bushmaster Publications, Berg, 460 S.

SODERBERG, D. (2006): Corn Snakes in Captivity. ECO, Lansing, MI, 115 S.

- (2007): South Mountain Reptiles. http://www.cornsnake.net

TRUTNAU, L. (2002): Schlangen im Terrarium, Band 1: Ungiftige Schlangen. Ulmer Verlag, Stuttgart, 624 S.

UTIGER, U. et al. (2002): Molecular systematics and phylogeny of Old and New World ratsnakes, *Elaphe* auct., and related genera (*Reptilia, Squamata*, *Colubridae*). Russ. J. Herpetol. 9 (2), S. 105-124

WALLS J. G. (1996): Kornnattern im Terrarium. Bede-Verlag, Ruhmannsfelden, 64 S.

WALLS J. G. & R. STASZKO (1995): Das Große Buch der Kletternattern. Bede-Verlag, Ruhmannsfelden, 192 S.

ZUCHOWSKI, R. (2001-2007): SerpenCo. URL: http://www.serpenco.com

Hypo Opal Striped

STICHWORT-VERZEICHNIS

Die fett gedruckten Seitenzahlen verweisenauf Abbildungen.

BILDQUELLEN-NACHWEIS

Alle Tierbilder von **Daniel Bohle** mit Ausnahme von S. 1, 5, 6, 14, 16, 17, 18, 19, 20, 28, 29, 30, 33, 35, 38, 40, 42, 43, 44, 51, 58, 64, 65, 70, 74, 84, 93, 94, 101, 103, 108, 110, 111 u., 114 o., 115, 120 o. (**Michael Glaß**). Produktbilder S. 22-27 (**Dohse Aquaristik KG**).

Die abgebildeten Tiere wurden bei folgenden Personen aufgenommen:

Bania, Florian (Berlin): S. 83, 86 o., 99 o., 121 o., 122 u., 136
Bergmann, Sabine (Bülstringen): S. 55 o.
Braun, Marko (Berlin): S. 55 u., 63 u., 82, 122 o.
Budick, Olaf (Berlin): S. 57 u., 109 u.
Döring, Daniel (Berlin): S. 68 u., 80 o., 114 u., 117, 125 u.
Dusold, Carmen (Eckental): S. 94 u.
Fiedler, Jörg (Oeversee): S. 78
Fleck, Ronny/Hertel, Nico (Hohenmösen): S. 57 o., 87, 107 u., 109 o., 112 u.
Hell, Michael (Dachau): S. 97, 121 u.
Matzdorf, Yvonne (Berlin): S. 80 u., 81, 89, 98, 113, 120 u., 128 u.
Moeller, Stefan (Leipzig): S. 101 u.
Reuss, Carlos (Berlin): S. 59 u., 68 o., 73, 75 u., 85, 88, 107 o., 111 o., 112 o., 127, 128 o.
Schaub, Frank (Köln): S. 65, 84
Schaub, Michael (Köln): S. 114 o.
Scheerbarth, Désirée (Berlin): S. 52, 90
Schneider, Jan (Berlin): S. 7, 37, 61 u., 91 o., 119, 123
Schwarz, Benjamin (Ammerndorf): S. 20 o.
Wehde, Hendrik (Berlin): S. 8
Woyack, Marcel (Berlin): S. 59 o., 99 u.

DANKSAGUNG

Mein größter Dank gilt meinem guten Freund Daniel Bohle (Berlin), ohne dessen Fotos und Hilfe dieses Buch nie zu Stande gekommen wäre. Bedanken möchte ich mich auch bei Carmen Dusold (Eckental) für Entwürfe und Helmut Vogelsang (Bonn) für Zeichnungen des Buches. Besonderer Dank gilt allen Freunden und Bekannten aus dem Bildquellennachweis, die uns ihre Tiere für die Fotos zur Verfügung gestellt haben. As well I want to thank Don Soderberg (Canyon Lake, TX) for his help and for sharing his knowledge with me. Für die kritische Durchsicht des Manuskripts danke ich Petra Sprang (Göppingen) und für das Lektorat Dr. Dieter Schmidt (Bernau). Für das Verlegen und sein Vertrauen in ein weiteres Kornnatternbuch danke ich Oliver Drewes vom VIVARIA Verlag. Ein Buch schreibt sich jedoch nicht ohne den nötigen Rückhalt in der Familie. Aus diesem Grund möchte ich meiner zukünftigen Frau Juliane dafür danken, dass sie mir immer den Rücken freigehalten, mich ermutigt und, wo immer sie konnte, unterstützt hat.

DER AUTOR

Michael Glaß, geboren 1983 in Rodewisch, ist Diplom-Informatiker und seit 2006 als Doktorand an der Universität Erlangen-Nürnberg tätig. Über die Pflege von Zierfischen gelangte er zur Reptilienhaltung und züchtet seither Kornnatterfarbvarianten und Geckos der Gattung *Rhacodactylus*. Michael Glaß arbeitete bereits als Autor und Fotograf für verschiedene Verlage und ist Autor der Internetpräsenz www.kornnatterlexikon.de.

DER FOTOGRAF

Daniel Bohle, geboren 1975 in Berlin, studiert Maschinenbau an der TU Berlin. Bereits 1986 bekam er seine erste Kornnatter und züchtet seit Ende der 1990er Jahre Farbvarianten. Seine Fotos erschienen bereits in Büchern mehrerer Verlage. Daniel Bohle ist Begründer und Fotograf der Internetpräsenz www.kornnatterlexikon.de.

Publikationen des VIVARIA Verlags:

Drewes, Oliver: 432 S., 505 Abb.
VIVARIA Verlag 2005, ISBN 3-9810412-0-8

KOMPAKTWISSEN ECHSEN porträtiert ausführlich über 100 Echsenarten. Ergänzt durch einen umfangreichen Allgemeinteil über Pflege und Ernährung sowie Terrariendekoration und -technik ist das Buch ein unverzichtbares Nachschlagewerk für jeden Echsenliebhaber.

Drewes, Oliver: 96 S., 90 Abb.
VIVARIA Verlag 2006, ISBN 978-3-9810412-1-7

KOMPAKTWISSEN TAGGECKOS beschreibt mit über 80 Farbfotos die beliebtesten Phelsumen. Für alle, die sich auch für andere Arten als *Phelsuma madagascariensis grandis* interessieren.

Laue, Esther: 96 S., 48 Abb.
VIVARIA Verlag 2007, ISBN 978-3-9810412-2-4

DIE CHINESISCHE BERGAGAME stellt mit 38 Farbfotos die beliebte Art vor. Für herausragende Zuchterfolge wurde die Autorin 2004 mit dem Alfred-A.-Schmidt-Preis ausgezeichnet.

Freynik, Christian, 64 S., 37 Abb.
VIVARIA Verlag 2007, ISBN 978-3-9810412-4-8

DIE ZWERGBARTAGAME vermittelt mit 34 Farbfotos Grundlagen der Haltung sowie Basiswissen über Klimaansprüche, Pflege und Ernährung der zunehmend beliebten Art.

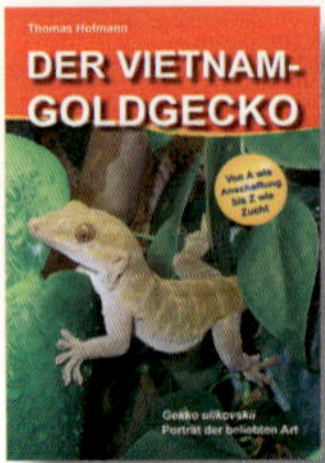

Hofmann, Thomas, 64 S., 48 Abb.
VIVARIA Verlag 2007, ISBN 978-3-9810412-9-3

DER VIETNAM-GOLDGECKO befasst sich, ausgestattet mit 44 Farbfotos, mit Haltung, Pflege, Ernährung und Zucht der in den letzten Jahren immer öfter angebotenen Art.